自閉症・情緒障害 特別支援学級

小学校

今日からできる！
自立活動の授業づくり

佐藤愼二 著
齋藤玲子　齋藤浩司 執筆協力

東洋館出版社

はじめに

☆「授業ですぐに使える活動を知りたい！」
　→第Ⅲ章で、市販のトランプやカルタを活用する楽しいアイデアを提案しています。

☆「子どものパニックや暴力があり、その対応に苦慮している……」
　→第Ⅳ章で、感情のコントロールに関する具体的な支援方法や授業を提案しています。

☆「『特別支援学級』『自立活動』で何をするのか、よく分からない……」
　→第Ⅰ．Ⅱ章で、「特別支援学級」「自立活動」について解説しています。

☆「『個別の指導計画』をどう書いたらいいのか…不安がある……」
　→第Ⅴ章で、「指導計画」作成のための「10ヶ条」を提案しています。

☆「自由度の高い実践」ができる自閉症・情緒障害特別支援学級！
　特別支援教育の目的は子どもの自立と社会参加です。その実現を目指す自閉症・情緒障害特別支援学級（以下、支援学級と記す）の教育課程において中心を担う学習──それが本書のサブタイトルにある「自立活動」です。「自立活動？」と、聞き慣れない言葉に不安がよぎるかもしれません。しかし、心配する必要はありません。教科書やチョーク＆トークを中心にせざるをえなかったこれまでの授業イメージを、一端、脇に置いて本書を読み進めてください。「自立活動」そのものに教科書はありません。ですから、「自由度の高い実践」ができます。自立と社会参加という目的を外さない限り、先に触れたようにトランプやカルタも貴重な教材になるのです。

☆「楽しく・やりがいある」活動を！

　支援学級に在籍する子どもたちは、友達関係や感情のコントロールに困難を抱え、通常学級での生活と学習において大変苦戦してきました。子どもたち本人が、最も「困っている」状態にあったのです。

　では、支援学級においてその困難さにどう寄り添い、支援したらいいのでしょうか？　本書では難しい実践の提案はありません。教師の準備も簡便で、子どもたちが自分から自分で進んで取り組む「楽しく・やりがいある」活動＝「自立活動の授業」を提案します。「友達を誘いたくなる」「友達と一緒だから楽しい」──そのような授業を通して、子どもたちは友達関係や感情をコントロールする力を確実に高めていきます。

☆「明日から」ではなく「今日からできる！」

　本書を手にされた読者は、新担任として戸惑いや不安を抱える毎日を過ごされている方が多いのではないでしょうか。本書はタイトル通りに「入門」「今日からできる！」をコンセプトにしています。第Ⅱ章、第Ⅲ章の実践例から読まれた方は「こんなことをしてもいいの⁈」と疑問を抱くかもしれません。その時点であらためて第Ⅰ章と第Ⅱ章に立ち返ってください。その根拠となる「支援学級の教育課程」「自立活動」について解説しています。

　「自由度の高い創意工夫のある授業づくり」と、その結果として得ることのできる「手応え」──これは正に、支援学級担任ならではの「醍醐味」なのです。

　明日からではなく、さあ、「今日から！」チャレンジしてください！

佐藤愼二

目次

I 入門　障害のある子どもと特別支援学級

1. 自閉的な傾向を伴う知的障害のある娘の育ちから
　―社会生活能力と知的能力は一致しない！― ……………… 10
　(1) 娘の様子から　　10
　(2) 小学校学習指導要領の方向性　　10
2. 目的は何か？ ……………………………………………………… 11
3. 逆転の発想で！ …………………………………………………… 11
　(1) こだわりはなくせない　　11
　(2) 「いいこだわり」を育てる逆転の発想　　12
4. 力をつける教育から力を使いたくなる教育への転換 ………… 13
　(1) 力をつけようとする教育の無力さ　　13
　(2) 力を使いたくなる教育の象徴──部活動　　13
5. 本音で楽しく・やりがいある活動を！ ………………………… 14

II 入門　「自立活動」の理解と授業づくりの原則

1. 自閉症・情緒障害特別支援学級とは？ ………………………… 16
2. 「特別の教育課程」とは？ ……………………………………… 16
　(1) 一人一人を大切にする　　16
　(2) 「自立活動」も一人一人に　　18
3. 学習指導要領にみる「自立活動」 ……………………………… 19
　(1) 自立活動の概要　　19
　(2) 自立活動の目標　　21
　(3) 自立活動の内容　　21
　(4) 具体的な指導内容の設定にあたって　　23

(5) 指導方法の創意工夫　24
　　(6) 自由度の高さ　25
　4　「自立」「主体性」について考える ……………………………… 25
　　(1)「主体的に」取り組むこと　26
　　(2)「自己の力を可能な限り発揮」すること　28
　　(3)「よりよく生きていこうとする」こと　30
　5　よりよい「自立活動」の授業づくり・その方向性 ……… 31
　　(1) 逆転の発想で授業づくり！　31
　　(2) 興味・関心を把握し、かきたてる！　33
　　(3) 異学年集団のよさを発揮する　33
　　(4) 交流及び共同学習への発展　34
　　(5) 学級集団で取り組むことを前提に　35

Ⅲ　入門　友達関係の力を育む授業づくりのアイデア

　1　楽しく・やりがいある活動を通して ……………………………… 38
　2　ゲームを活用する自立活動 ……………………………………… 38
　　(1) 意義・目的　39
　　(2) ゲームの種類　39
　　(3) カードゲーム・バリエーション　40
　　(4) ジャンケン・バリエーション　47
　　(5) オリジナルゲームの作成・活用　51
　3　体育的な自立活動 ………………………………………………… 56
　　(1) 意義・目的と教育課程上の位置づけ　57
　　(2) サーキット遊びのやり方　58
　4　学級独自の校外学習（遠足） …………………………………… 64
　5　子どもが楽しみにする学級定番の単元を決める！ ………… 66

6　大事なまとめ ……………………………………………… 67
(1)　自立活動は奥深い　67
(2)　個別の目標設定を　68

Ⅳ　入門　感情のセルフコントロール力を育む授業づくり

1　問題行動を理解する"氷山モデル" ……………………………… 70
2　問題行動の分析・支援シートの活用 ……………………………… 72
(1)　逆転の発想による支援の徹底　73
(2)　子どもの中の困難さ（障害？）とその支援　73
(3)　問題行動そのものの分析　74
(4)　支援計画案を作成する　76
3　感情のセルフコントロールを考える授業 ……………………… 76
4　パニック等があったときの支援・10ヶ条 ……………………… 92
その1：慌てず・静かに・淡々と　　その2：頭ごなしに・叱らない
その3：具体的な指示と目力　　　　その4：危険を避けて・安全に
その5：短く・ゆっくり・具体的に・肯定表現で　その6：遠慮しないで・応援要請
その7：静かな場所が・あるならば　その8：一緒に・事実の・振り返り
その9：関係者にも・事情を聞いて　その10：当事者同士で・仲直り
5　大事なまとめ ……………………………………………… 97
(1)　個別の目標設定を　97
(2)　子どもを受け止めることの大切さ　97

Ⅴ　入門　個別の指導計画と学級経営のポイント

〈個別の教育支援計画と個別の指導計画〉
1　どのようなイメージなのか？ ……………………………… 100
2　校内支援体制で取り組む！ ……………………………… 102

(1) 学習指導要領では？　102
   (2) 個別の教育支援計画　102
   (3) 個別の指導計画　104
 3　計画書を作成するために ……………………………………… 105
   (1) 既設学級で前任の先生との引き継ぎが可能な場合　105
   (2) 新設学級の場合　105
   (3) 市町村の特別支援学級担任者研修会で書き方講習会を行う　106
 4　個別の教育支援計画・指導計画の作成のための10ヶ条 …… 106
   その1：抱えず・頼って・つながろう！　その2：子どもに寄り添い、理解する！
   その3：把握の仕方も工夫して！　その4：保護者の思いに、寄り添って！
   その5：子どもの「いいとこ」を見つけ出し・つくり・増やす！
   その6：「大まか」で構わないが「大げさ」は避ける！
   その7：行動上の課題（暴力やパニック等）の場合は、さらに絞り込む！
   その8：ほめる機会を増やすつもりで！
   その9：目的は計画を書くことではない！　具体的な支援方法の明確化と共有化！
   その10：大事にしたい評価！

〈交流及び共同学習の展開〉
 1　「参加する」交流から「学べる」交流へ ………………………113
 2　通常学級に「行く交流」の場合 …………………………………114
 3　支援学級に「招く交流」の場合 …………………………………117
 4　学校生活全般の中で ………………………………………………118

〈保護者との連携〉
 1　保護者の決意と覚悟に寄り添う …………………………………120
 2　ピアサポート機能を活かす ………………………………………121
 3　進学・進級支援を確実に！ ………………………………………121
 4　相談・医療機関との連携や活用 …………………………………122

〈教室環境の整備〉
 1　視覚情報が大切！? ………………………………………………124
 2　教室環境の原則 ……………………………………………………125

I 入門

障害のある子どもと特別支援学級

Ⅰ 入門

1 自閉的な傾向を伴う知的障害のある娘の育ちから
―社会生活能力と知的能力は一致しない！―

(1) 娘の様子から

　我が家には自閉的な傾向を伴う知的障害のある娘がいます。30歳になります。特別支援学校（当時は養護学校）小学部に入学し、途中、3年間だけ特別支援学級（当時は特殊学級）に在籍し、その後、特別支援学校中学部・高等部で過ごしました。

　いわゆる知能検査は測定不能で療育手帳 A-1 です。心理士さんからは「単純な精神年齢だけで言えば2歳か3歳、つまり、幼稚園入園前ぐらいを想像してください」と言われています。「1＋1」の意味は分かりません。しかし、特例子会社等ではない一般の民間企業（クリーニング業）で7年間働き、その後、農業に従事して12年目を迎えました。現在、離職し就労移行支援事業所に通っていますが、それまでは最低賃金をもらいながら頑張ってきました。

　さて、幼稚園入園前の子どもが電車・バスを乗り継いで1時間半かけて通勤し、一日働いて帰宅できるでしょうか？　通勤も、仕事も……そもそも体力的にも無理でしょう。では、なぜ、私の娘には可能になったのでしょうか？

(2) 小学校学習指導要領の方向性

　私の娘は、特別支援教育における――むしろ、教育そのものにおける――極めて本質的なことを証明してくれました。つまり、知的能力だけでは推し量れない社会生活能力が存在するということです。娘は特別支援学校・学級での生活を通して――知的能力は残念ながら伸びないまでも――働く力を中心とした社会生活能力が育まれました。そして、支援をかなり要しますが自立的な生活を営み、社会参加を果たしています。

　実は、平成29年3月に告示された学習指導要領（以下、学習指導要領及びその解説は平成29年告示版による）の方向性も、突き詰めれば、娘のよ

うな姿の実現に他なりません。なぜならば、「生きて働く知識・技能」、すなわち、実社会・実生活で汎用性の高い資質・能力の育成が掲げられているからです。今回の教育改革では正に、自立と社会参加を目指してきた特別支援教育の思想に、通常の教育が近接してきたとも言えるのです。

2　目的は何か？

　私たち自閉症・情緒障害特別支援学級の目的は何か？　次の通知にはっきりと示されています。

> 　「特別支援教育は、障害のある幼児児童生徒の自立や社会参加に向けた主体的な取組を支援するという視点に立ち、幼児児童生徒一人一人の教育的ニーズを把握し、その持てる力を高め、生活や学習上の困難を改善又は克服するため、適切な指導及び必要な支援を行うものである。」
> 文部科学省　　　　　『特別支援教育の推進について（通知）』平成19年4月1日

　目的は、子どもの自立と社会参加です。それに向けた子どもの主体的な姿を実現します。そのために、子どもの思い、今現在と将来に求められるであろう教育的ニーズを把握し、「持てる力」を高めるのです。
　本書を貫く大目標は、自閉症という困難さを抱えつつも、学校、家庭、地域生活の中でより自立的に生活し、社会参加する姿の実現です。働くことを中心とした社会生活の充実に結びつくような、日々の学校生活と授業の追求に他なりません。

3　逆転の発想で！

(1) こだわりはなくせない

　娘には様々なこだわりがあります。自閉症の子どもたち本人にとって、さらには、周りの友達や教師にとっても、そのこだわりが生活や学習上の困難さとして際立つときがあります。娘の例で言えば、駅構内にあるようなパン

Ⅰ 入門

フレット類（特に、レジャー施設関係）には、目がありません。幸い、通勤途上でそれにこだわらなくなっただけ、大きな成長なのですが、現在でも、休日に出かけるときなどは、目にしたパンフレットにまっしぐらということもあります。

　おそらく、読者の学級にも様々なこだわりを抱える子どもたちが在籍していると思います。しかし、考えてみれば、私たちも好きな髪型やファッション、趣味、生活習慣……等、様々なこだわりをもって生活しています。それらをなくせるでしょうか？　全てなくすとしたら「人間らしさ」や「個性」もなくすことになります。「障害は『配慮を要する個性』」とも言われるように、「こだわり」もそれが強いか・弱いかという程度の問題であることが分かります。娘のこれまでの生活を振り返って考えてみても、こだわりは減らせても、なくなることはないだろうということです。

(2)「いいこだわり」を育てる逆転の発想

　だとすれば、「いいこだわり」を育てる逆転の発想で支える必要があるのです。娘は、朝5時55分の目覚ましで起床し、淡々と掛け布団をたたみ、眠い目をこすりながらもリビングにやってきます。洗顔、着替え……日常生活のルーティンは——簡単な指示が必要だったり、かなりいい加減だったりもあるのですが——着々とやりこなします。出勤前の荷物の準備も入念です。テレビに表示されるデジタル時計の「7：17」には出勤します。つまり、「いいこだわり」「社会的に意味のあるこだわり」が娘の中に育っています。

　障害のある子どもたちを前に「何とかしなければ……」「これは治さないと……」「できるようにしないと……」と思うことも多々あるだろうと思います。もちろん、そのための支援が必要なこともあります。しかし、大切なことは、常に、逆転の発想で見方を変えて、支援を変えることです。「できていることを伸ばす」「得意を伸ばす」「いいこだわりを育てる」という発想で、支援を検討していきたいと思います。

4 力をつける教育から力を使いたくなる教育への転換

(1) 力をつけようとする教育の無力さ

「教える」ことは、教育の世界では極めて常識的な教師の行為と理解されています。では、教えることで子どもが学んだかどうか——生きる力に結びついたかどうか——は、一体何をもって評価するのでしょうか？ 日常のテストでしょうか？ 学力テストでしょうか？ 有名大学への合格でしょうか？

読者に伺いますが、サイン、コサイン、微分、積分……一体いくつ使いこなせるでしょうか？ 多くの場合は——筆者も含めて——お手上げになります。おそらく、当時の数学担当の先生は熱心に教えていたはずですし、私たちもそれなりに学んでいたはずです。にもかかわらず、今、それを使えません。なぜでしょう？ 答えは簡単です。その力を日常的に使わないからです。学習指導要領が目指す実社会・実生活で生きる資質・能力とは正に、この問いに対する一つの答えに他なりません。つまり、

> 力はその力を繰り返し使わなければ身に付かない。

力をつけようとする教育・教えようとする教育の無力さを私たちは身をもって知っているのです。にもかかわらず、私たち教師は"力をつけよう""教えよう"とします。

(2) 力を使いたくなる教育の象徴——部活動

最も効果のある教育活動——それは"部活動"です。これは紛れもない事実です。部活動ほど力が身に付く教育活動を筆者は知りません。子どもたちは、「分かりたい・やりたい・楽しみな活動」では、自分から自分で、今、持っている力をめいっぱい発揮しながら、その力を繰り返し使います。その結果として、力は確実に身に付いていきます。その力は高まり、広がってい

きます。学びの本質がここにあるのです。

5 本音で楽しく・やりがいある活動を！

　障害のある子どもたちの授業参加の様子そのものが実践の善し悪しのバロメーターです。つまらない活動を用意すれば、子どもは見向きもしないでしょう。子どもが見向きもしない活動で、子どもの「意欲」がかき立てられるはずはありません。ましてや、力を使って、その力が身に付くことはないでしょう。

　では、どうすれば、部活動のように、子どもの「意欲」をかきたてることができるのでしょうか？　その答えは単純明快です。子どもの興味・関心を──理屈抜きに──強く引きつけ、期待感を高め、やってみたら楽しい活動！やりがいある活動！を用意することに尽きるでしょう。

○自分から自分でやりたくなる期待感あふれる活動
○自分でやりとげることのできる活動
○やってみたら楽しい・やりがいある活動
○もう一度やってみたい活動
○結果として、自立と社会参加に結びつく活動

　幸い、支援学級は「特別の教育課程」を組織することが許されています。後述しますが、支援学級の教育課程の中核になる「自立活動」の自由度はとても高いのです。その意味では、上記したように、かなり思い切った教育活動の展開ができるのです。

　だとすれば、子どもたちが目の色を変えて自分から自分で本音で取り組む、正に「部活動」のような教育活動の創造にこそ、心血を注ぎたいと思うのです。

II 入門

「自立活動」の理解と授業づくりの原則

Ⅱ 入門

1 自閉症・情緒障害特別支援学級とは？

> 一　自閉症又はそれに類するもので、他人との意思疎通及び対人関係の形成が困難である程度のもの
> 二　主として心理的な要因による選択性かん黙等があるもので、社会生活への適応が困難である程度のもの
>
> （平成25年10月4日付け25文科初第756号初等中等教育局長通知）

　上記は、自閉症・情緒障害特別支援学級（以下、支援学級）で教育を受けることが適当かどうかの目安とされるものです。ですから、読者の学級に在籍する子どもは上記のいずれかの困難さを抱えて、支援を要する状態と言えます。そこで、本書では、上記の通知にもあるように、「意思疎通及び対人関係の形成」「社会生活への適応」の困難さに対する支援、つまり、友達関係（意思疎通及び対人関係の形成）や感情コントロール力（社会生活への適応）の支援について考えたいと思います。この二つは自立と社会参加の基盤になる力です。

　さて、この先しばらく、「自立活動」そのものの説明をします。学習指導要領の記述等も含みます。「自由度の高い」教育ができる背景には歴とした法的根拠があることを確認しておく必要があるからです。しかし、読み始めて、ちょっと重く感じる読者はまずは、第Ⅲ章・第Ⅳ章の実践編を読んで、「え～そんなことして大丈夫でしょうか？」と思った後に、改めて、ここに戻ってください。

2 「特別の教育課程」とは？

(1) 一人一人を大切にする

　学校教育法施行規則第138条には「小学校若しくは中学校又は中等教育学校の前期課程における特別支援学級に係る教育課程については、特に必要が

ある場合は……（中略）……特別の教育課程によることができる」（傍点筆者）とあり、それに基づき、小学校学習指導要領総則では以下のように示しています。

> 第4　児童の発達の支援―2―(1) 障害のある児童などへの指導
> イ　特別支援学級において実施する特別の教育課程については、次のとおり編成するものとする。
> （ア）　障害による学習上又は生活上の困難を克服し自立を図るため、特別支援学校小学部・中学部学習指導要領第7章に示す自立活動を取り入れること。
> （イ）　児童の障害の程度や学級の実態等を考慮の上、各教科の目標や内容を下学年の教科の目標や内容に替えたり、各教科を、知的障害者である児童に対する教育を行う特別支援学校の各教科に替えたりするなどして、実態に応じた教育課程を編成すること。（下線筆者）

　通常の学級イメージでは、机・椅子と黒板があり、教科書を使用する勉強が想起されるわけです。しかし、この規定では、学級の子どもの障害や様子の「実態」を踏まえて、「特別の教育課程」を編成してかまわないと示し、「特別支援学校小学部・中学部学習指導要領第7章に示す自立活動を取り入れる」としています。新任の読者には「？」になります。
　上記をある支援学級の実際の様子で少し極端にイメージしてみましょう。Aさん、Bさん、Cさんの3名が学級に在籍していると仮定してください。
○知的障害を伴わない自閉症のAさん（2年生）―学年相応の教科書を使用して教科学習をしつつ、「自立活動」の授業を受けている。
○知的障害を伴わない自閉症のBさん（5年生）―下学年の教科書を使用して教科学習をしつつ、「自立活動」の授業を受けている。
○知的障害を伴う自閉症のCさん（4年生）―知的障害者である児童に対する教育を行う特別支援学校の各教科（知的障害教育教科）で教科学習をし

Ⅱ 入門

つつ、「自立活動」の授業を受けている。(＊なお、Ｃさんは知的障害を伴う自閉症の子どもです。自治体によっては、「知的障害を伴う自閉症」の子どもの場合には、「自閉症・情緒障害特別支援学級」ではなく、「知的障害特別支援学級」への入級を原則にしていることもあります。先の学習指導要領引用では、Ｃさんのように知的障害を伴う自閉症の子どもの場合には、特別支援学校学習指導要領で示される知的障害教育教科に替えることも可能と示しています。本書では、知的障害教育教科には触れません。知的障害特別支援学級における支援の詳細は『特別支援学校・特別支援学級担任ガイドブック―知的障害教育100の実践ポイント―』(東洋館出版社)、『実践 知的障害特別支援学級―子ども主体の授業づくりのために―』(ケーアンドエイチ)に譲りたいと思います。ぜひ、参照してください。)

　初めて支援学級担任をされた先生は「……これは一体どういうこと？？？」と、思われた方もいることでしょう。極論すれば、「児童の障害の程度等」は一人一人全く違うため、一人一人の「教育課程」が必要になると考える方がすっきりすると思います。だからこそ、少人数での学級編制が基本になります。

(2)「自立活動」も一人一人に

　では、どうしたらいいのでしょう？　先のＡさんからＣさんの学習状況をよく確認して頂くと共通するキーワードが見えます。それが「自立活動」です。仮に、国語や算数の成績がずば抜けていたとしても、自閉症という困難さを抱える３人が支援学級に入級した背景には、「意思疎通及び対人関係の形成」「社会生活への適応」における困難さがあるのです。その困難さへの支援＝「自立活動」こそが支援学級で求められているのです。

> 学校における自立活動の指導は、障害による学習上又は生活上の困難を改善・克服し、自立し社会参加する資質を養うため、自立活動の時間はもとより、学校の教育活動全体を通じて適切に行うものとする。
>
> 　　　　　　　　　　　　　　（特別支援学校学習指導要領・傍点筆者）

先ほどのAさんやBさんは離席や暴力の激しさが原因で入級した子どもだとします。そして、例えば、「算数」の学習能力はとても高くても、授業中に落ち着きがないとします。その場合、算数の時間であっても、算数の授業の内容に加えて、感情や行動のコントロールを目指す「自立活動」に関連する支援が必要になります。ですから、「学校の教育活動全体を通じて適切に」と記されているのです。

　本書では、時間割に「自立活動」を特設する場合を想定しています。その場合でも、どの教科やどの場面でも「自立活動」の指導が行われていると考えてください。第Ⅲ、Ⅳ章の授業づくりにおいて触れたいと思います。（なお、必要に応じて、文部科学省ホームページの特別支援学校小学部・中学部学習指導要領「自立活動編」とその解説を確認してください。本書では、それを踏まえて、「自立活動」の具体的な展開を検討したいと思います。）

3　学習指導要領にみる「自立活動」

(1) 自立活動の概要

　小学校学習指導要領解説にあるポイントを以下に引用します。枠内の→は筆者によるコメントです。

○「児童が自立を目指し、障害による学習上又は生活上の困難を主体的に改善・克服するために必要な知識及び技能、態度及び習慣を養い、もって心身の調和的発達の基盤を培うことをねらいとした、特別支援学校小学部・中学部学習指導要領第7章に示す自立活動を取り入れることを規定している。」
　→この引用から、目的はあくまでも「自立」であることが読み取れる。
○「特別支援学校小学部・中学部学習指導要領では、自立活動の内容として、「健康の保持」、「心理的な安定」、「人間関係の形成」、「環境の把握」、「身体の動き」及び「コミュニケーション」の六つの区分の下

> に27項目を設けている。」
>   →この六つの区分については後ほど検討する。
> ○「自立活動の内容は、各教科等のようにその全てを取り扱うものではなく、個々の児童の障害の状態等の的確な把握に基づき、障害による学習上又は生活上の困難を主体的に改善・克服するために必要な項目を選定して取り扱うものである。」
>   →先に、本書では「『意思疎通及び対人関係の形成』『社会生活への適応』の困難さに対する支援、つまり、友達関係（意思疎通及び対人関係の形成）や感情コントロール力（社会生活への適応）の支援を検討します」と書きましたが、上記引用の「心理的な安定」、「人間関係の形成」、「コミュニケーション」等の内容が本書での対象になりそうなことが読み取れる。さらに重要な点は、教科書があって、その内容全てを順番に学習するスタイルではなく、その子どもに応じて必要な内容を選ぶということが想定されていることである。
> ○「よって、児童一人一人に個別の指導計画を作成し、それに基づいて指導を展開する必要がある。個別の指導計画の作成の手順や様式は、それぞれの学校が児童の障害の状態、発達や経験の程度、興味・関心、生活や学習環境などの実態を的確に把握し、自立活動の指導の効果が最もあがるように考えるべきものである。」
>   →一人一人の目標や内容は必ずしも一致しない。「個別の指導計画」については、後章で確認する。

　読者の学級に在籍する子どもたちの様子を思い起こしてみてください……それぞれの子どもによさ・持ち味がありつつもそれらがうまく発揮されず、「友達関係やコミュニケーションに困難さがある……」「時に、パニックを起こしたり、友達を叩いたりする……」「落ち着きがない……」……等、いわゆる自閉症もしくは関連する困難さゆえに、通常学級での一斉指導では、学

びに困難のある子どもたちです。

　本章では、そのような困難さを抱える子どもたちを「自立活動」の授業でどう支援するのかを考えます。特別支援学校小学部・中学部学習指導要領（解説 自立活動編）に基づいて確認していきます。

(2) 自立活動の目標

> 個々の児童又は生徒が自立を目指し、障害による学習上又は生活上の困難を主体的に改善・克服するために必要な知識、技能、態度及び習慣を養い、もって心身の調和的発達の基盤を培う。

　大きなキーワードは「自立」です。本書の冒頭でも触れましたが、「自立」を目指すことをまず確認したいと思います。これは「自立活動」というその名の通りです。

　二つ目のキーワードは「主体的」です。これも冒頭に触れたとおりです。自分から「意欲的に」取り組まなければ「自立」に向けた力は身に付きません。子どもが「主体的」「意欲的」に取り組む授業づくり――これこそが、私たちに課せられた最大のミッションなのです。

(3) 自立活動の内容

　特別支援学校小学部・中学部学習指導要領では、その内容が六つの区分で示されています。

> 1. 健康の保持
> (1) 生活のリズムや生活習慣の形成に関すること。
> (2) 病気の状態の理解と生活管理に関すること。
> (3) 身体各部の状態の理解と養護に関すること。
> (4) 障害の特性の理解と生活環境の調整に関すること。
> (5) 健康状態の維持・改善に関すること。
> 2. 心理的な安定

Ⅱ 入門

(1) 情緒の安定に関すること。
(2) 状況の理解と変化への対応に関すること。
(3) 障害による学習上又は生活上の困難を改善・克服する意欲に関すること。
3. 人間関係の形成
(1) 他者とのかかわりの基礎に関すること。
(2) 他者の意図や感情の理解に関すること。
(3) 自己の理解と行動の調整に関すること。
(4) 集団への参加の基礎に関すること。
4. 環境の把握
(1) 保有する感覚の活用に関すること。
(2) 感覚や認知の特性についての理解と対応に関すること。
(3) 感覚の補助及び代行手段の活用に関すること。
(4) 感覚を総合的に活用した周囲の状況についての把握と状況に応じた行動に関すること。
(5) 認知や行動の手掛かりとなる概念の形成に関すること。
5. 身体の動き
(1) 姿勢と運動・動作の基本的技能に関すること。
(2) 姿勢保持と運動・動作の補助的手段の活用に関すること。
(3) 日常生活に必要な基本動作に関すること。
(4) 身体の移動能力に関すること。
(5) 作業に必要な動作と円滑な遂行に関すること。
6. コミュニケーション
(1) コミュニケーションの基礎的能力に関すること。
(2) 言語の受容と表出に関すること。
(3) 言語の形成と活用に関すること。
(4) コミュニケーション手段の選択と活用に関すること。
(5) 状況に応じたコミュニケーションに関すること。

支援学級に在籍している子どもの様子を思い浮かべながら、これらに目を通しますと、ふに落ちる部分が多々あろうかと思います。これらの内容に関連して、子どもたちは様々な「学習上又は生活上の困難」を抱えることが多く、「困っている」状況に置かれがちなのです。

　ただし、これだけでは授業で何をしていいのかは分かりません。特別支援学校小学部・中学部学習指導要領（と解説 自立活動編）をさらに読み進めたいと思います。

(4) 具体的な指導内容の設定にあたって

　具体的な指導内容を設定する際の留意点が以下のように示されています。

---

(3) 具体的な指導内容を設定する際には、以下の点を考慮すること。

ア　児童又は生徒が、興味をもって主体的に取り組み、成就感を味わうとともに自己を肯定的に捉えることができるような指導内容を取り上げること。

イ　児童又は生徒が、障害による学習上又は生活上の困難を改善・克服しようとする意欲を高めることができるような指導内容を重点的に取り上げること。

ウ　個々の児童又は生徒が、発達の遅れている側面を補うために、発達の進んでいる側面を更に伸ばすような指導内容を取り上げること。

エ　個々の児童又は生徒が、活動しやすいように自ら環境を整えたり、必要に応じて周囲の人に支援を求めたりすることができるような指導内容を計画的に取り上げること。

オ　個々の児童又は生徒に対し、自己選択・自己決定する機会を設けることによって、思考・判断・表現する力を高めることができるような指導内容を取り上げること。

カ　個々の児童又は生徒が、自立活動における学習の意味を将来の自立や社会参加に必要な資質・能力との関係において理解し、取り組めるような指導内容を取り上げること。

Ⅱ 入門

　ア〜カは、極めて重要な授業づくりの原則を示しています。自立活動に限らず、授業に行き詰まりを感じたときには、ここに立ち返るべき価値のある内容になっています。その意味では、授業の方向性はおぼろげに見えますが、これでも授業準備はできません。ここでは、まず以下の3点の重要性を確認したいと思います。

①その子どもの興味・関心をしっかり把握すること
②その子どものできていること・よさ、得意、すなわち、「進んでいる側面」を把握すること（少なくとも、悪いところを治す病院型の指導ではないということ）
③子どもが自分自身のことを知り、どうありたいのかをともに考えること

(5) 指導方法の創意工夫

> 「個々の児童又は生徒の実態に応じた具体的な指導方法を創意工夫し、意欲的な活動を促すようにするものとする。」（本文）

　特別支援学校学習指導要領の自立活動の解説では、その後半に資料として、「実態把握から具体的な指導内容を設定するまでの例示」がなされています。①子どもの様子を、②自立活動の区分に即してどう分析するのか、③どのように指導目標を設定するのか、④具体的な指導内容をどのように選定するのかという目標や内容の検討のプロセスを示しています。ぜひ、確認してください。ただし、残念ながら、解説では「授業で何をすればいいのか？」の具体的な活動までは見えません。

　なぜか？　理由は簡単です。学級に在籍する子どもたちは、読者の学級に限らず、全国各地のどの学級の子どもたちもその様子は様々です。ですから、「自立活動」の教科書が用意できるかといえば、それは困難なことです。ここに、支援学級担任の一番の苦労があるのです。そして、同時に、ここにこそ支援学級担任の、正に教育者としての一番の醍醐味＝「児童生徒の意欲的な活動を促すためには、児童生徒が興味関心をもって主体的に取り組み、成

就感を味わうことのできるような指導方法の工夫をする」(同解説)面白さがあるとも言えるのです。

本書は、「自立活動の授業で何をするのか？」を真正面から取り上げています。しかし、「教科書」代わりのスタンダードではありません。子どもと学級の様子に応じてアレンジすることが前提になる授業づくりのアイデアです。後章にて提案します。

(6) 自由度の高さ

冒頭に、「自由度が高く、かなり思い切った教育ができる」と書きました。つまり、(1)〜(4)までにまとめたことを、改めて端的に、整理すると次のようになります。つまり、

---
①自立活動の目標と内容の大きな留意事項は示されている。
②実際の支援、授業づくりにあたっては、子どもの興味・関心や成就感を大切にする。
③しかし、その中心的な内容である友達関係や感情のコントロール指導に関する『教科書』はない。
④その授業の具体的な方法は担任の創意工夫に任されている。

「意欲は単なる座学や抽象的な知識・理解によって育てることは難しく、実際的な経験等の具体的な学習活動を通して指導することが効果的である」(同解説)などの記述を踏まえれば、本書の冒頭で触れたように『子どもたちが目の色を変えて自分から自分で本音で取り組む"部活動"のような教育活動の創造』が可能になるのです。

新任の先生方には決して簡単なことではないと思います。しかし、これぞ教育といえるような、教師冥利に尽きる実践の展開が可能なのです。

4 「自立」「主体性」について考える

具体的な授業実践を検討する前に、キーワードでもある「自立」「主体的

Ⅱ　入門

に」の意味を、今一度、特別支援学校小学部・中学部学習指導要領解説 自立活動編を参考に確認しておきたいと思います。同解説では、「自立」を以下のように定義しています。

> 「自立」とは、児童生徒がそれぞれの障害の状態や発達の段階等に応じて、主体的に自己の力を可能な限り発揮し、よりよく生きていこうとすることを意味している。
> 　　　　　　　　（"特別支援学校小学部・中学部学習指導要領解説 自立活動編"）

(1)「主体的に」取り組むこと
①主体性とは何か？

　「自立」を考える大きなポイントの一つは「主体的」という言葉にありそうです。不毛の議論は避けたいと思いつつも、「主体的」というイメージだけは共有しておく必要はありそうです。以下は、筆者がイメージする子どもの「主体的」な姿です。

> ア、「自分から」取りかかる姿
> 　・目的意識や期待感を抱いて取り組む姿。
> 　・指示され、説明され、手を添えられて「させられる」姿ではなく、自分からやろうと「する」姿。
> イ、「自分で」続ける姿
> 　・その活動に楽しさややりがいを感じている姿。
> 　・その活動に自分自身の存在感を感じとり、心地よさを味わっている姿。
> ウ、「やりとげる」姿
> 　・その活動を最後までやりとげ、満足感や達成感を味わう姿。
> 　・その活動を「もう一度やってみたい！」と感じている姿。

ここで、「主体的」という姿は、子どもたちが自分から自分で活動に取りかかり、その活動をやりとげ、満足感・達成感を味わい「もう一度やってみたい！」と感じている様子と押さえておきたいと思います。
②「主体的に」をどう教えるのか？
　言って聞かせて、教えて、やらせて、主体性が育つものでしょうか？「主体的に取り組みなさい！」と叱咤激励されて主体的に取り組めるのでしょうか？　その答えは明らかに「否」です。

> 子どもが自分から取り組みたくなる活動を用意して、自分で取り組むその心地よさややりとげる満足感を子どもが体感するからこそ、結果として、「主体的に」生きる力をたくましくしていく。

　楽しく・やりがいある活動に子どもが取り組む結果として、自分から自分で取り組む「主体的に」の心地よさを体感します。だからこそ、新たな活動、少々困難さがありそうな活動にも──やりとげる満足感・達成感をイメージしながら──「主体的に」チャレンジしていくのです。
　その意味では、「主体性」そのものを教えることはできません。まず、「主体的に」取り組みたくなる活動、取り組んでやりとげ満足感を味わえる活動を用意します。その活動に繰り返し取り組む中で、子どもが成功経験を積んで、その心地よさを体感し、「主体的に」を学ぶのです。
③支援なしの「自立」「主体的に」はありえない！
　もう一つ確認しておきたいことがあります。それは「自立」「主体的に」という場合、教師の支援は全く想定していないのでしょうか？　その答えも「否」です。
　例えば、筆者は近視ですので、1メートル先の文字でも、「めがね」という支援がなければ、文字を読む力を発揮できません。考えてみれば、私たちの生活も様々な支援によって成り立っています。自動車や電車がないとしたら……、農業・水産業に従事する人がいないとしたら……生きていくことさ

え危うくなるでしょう。何の支援もない孤立無援のロビンソン・クルーソーのような自給自足的な生活を「自立」や「主体的に」というならば、この日本に「自立」して、「主体的に」生きている人は皆無に等しいと思います。私たちも支援付きの「自立的・主体的な生活」を営んでいるのです。

> 誰しもが、行き届いた適切な支援を受けながら「主体的に」取り組む姿が想定されている。
> 「自立」は決して「孤立」ではない！

では、何が「適切で行き届いた支援」になるのでしょうか？ その前提は先の解説の文言である子どもが、「自己の力を可能な限り発揮」しているか否かにあります。

(2)「自己の力を可能な限り発揮」すること
①教育の本質

　教育基本法第5条には、「義務教育として行われる普通教育は、各個人の有する能力を伸ばしつつ社会において自立的に生きる基礎を培い」とあります。また、冒頭にも引用しましたが、文部科学省による通知「特別支援教育は、障害のある幼児児童生徒の自立や社会参加に向けた主体的な取組を支援するという視点に立ち、幼児児童生徒一人一人の教育的ニーズを把握し、その持てる力を高め……」（傍点筆者）とあります。

　つまり、教育基本法と関連付けて読めば、子どもが今、「持てる力」を「可能な限り発揮」することを繰り返す中で、「各個人の有する能力を伸ば」すのです。その結果、「社会において自立的に生きる基礎を培」うのです。

　すでに触れた部活動をイメージすれば分かりやすいと思います。子どもたちは、今持てる力をめいっぱい発揮することを繰り返しながら、その力をより強く・太く・たくましくしていくのです。

　自分の力をめいっぱい発揮できる・発揮したくなる「活動」があるからこそ、今「持てる力」を可能な限り発揮しようとします。その心地よさを知っ

ている子どもは、「持てる力」を繰り返し使うことを通して、その力を高めていくのです。ですから、どのような「自立活動」に取り組むのかを十分に検討する必要があるのです。
②つまならい活動を用意すれば……
　「主体的に自己の力を可能な限り発揮」する姿をイメージするためには、その真逆の「力を発揮していない姿」を想像すると分かりやすいと思われます。私たちも「つまらない活動」には取りかかる気は起きないでしょう。仮に、読者が本書を「つまらない」と感じれば、本書を「主体的に」読み進める意欲はかなり低下するはずです。本書が「つまらない」ならば、本書の内容を理解する努力をしないでしょう。ましてや、実践にチャレンジするために読者の「持てる力」を可能な限り発揮することはないでしょう。
　障害という困難さを抱える子どもならばなおのことです。つまらなければ、「自己の力を可能な限り発揮」しないでしょう。これは後述しますが、やはり、「興味・関心」というのは、この教育に抜きがたい重要なキーワードになるのです。
③難しすぎる活動を用意すれば……
　仮に、目の前の活動はとてもおもしろそうだったとします。子どもも自分から取りかかったとします。しかし、やってみたものの自力ではとても続けられず、教師が手を添え、口出しを続ければどうでしょうか？　つまり、活動が難しすぎるとすれば、あるいは、ちょっとやってみてとてもできないと思うならば、子どもは「自己の力を可能な限り発揮」することはないでしょう。
　ここでは、教師からの直接的な支援（手を添える、口頭での指示・説明……）を取り上げましたが、これを皆無にできるかと言えば、簡単ではありません。しかし、それが常態化するならば、子どもはどう思うでしょうか？読者の側に常に校長先生や先輩がいて、「先生、そのやり方は違う！　〜〜しなきゃだめだよ！」と、常に口出し手出しされるイメージです……。ちょっと耐えられなくなります。子どもはそのよう手出し口出しに、さらに敏感

④易しすぎる活動を用意すれば……

　一方で、おもしろそうで自分から取りかかったものの、あまりにも簡単で活動が易しすぎれば、ここでも、子どもは続けないでしょう。おそらく、何度か繰り返すうちに、②の"つまらない活動"になっていくに違いありません。そして、簡単にできてしまうならば、「自己の力を可能な限り発揮」することはないでしょう。

⑤大切なまとめ

　行き届いた適切な支援のある授業こそが、「自己の力を可能な限り発揮」する状況をつくりだします。私たちが目指すべき自立活動の姿がおぼろげではありますが、見えてきました。

> 第一原則：子どもの興味・関心を大切にした楽しく・やりがいのある活動が用意されている。
> 第二原則：教師が手を添え・口を出すような状況を避け、できるだけ子どもが自分から自分で取り組み、やりとげる状況を整える。
> 第三原則：第二の原則による支援によって、子どもが「自己の力を可能な限り発揮」できる状況を整える。
> 第四原則＝「自己の力を可能な限り発揮」することを繰り返す中で、結果として「社会において自立的に生きる基礎を培」うことになる。

(3)「よりよく生きていこうとする」こと

　これも先の「自立」の定義にある重要なキーワードです。筆者には忘れることのできない経験があります。それは、「先生もよー！　俺なんか生まれてこない方がよかったと思ってんだろ！」と射るような目で、私に叫んだ小学校１年生との出会いです。よりよく生きたいという子どもの——否、人間としての——根源的な願いと思いを突きつけられました。

彼は家庭でも、幼稚園でも、そして、小学校に入学してからも、努力してもうまくいかないことを叱られ続けてきました。よりよい自分であろうとしても、どうもうまくいかない――そんな辛いもどかしさを小さな身体に7年間抱えて生きてきました。それを「努力不足」「わがまま・身勝手」と叱責され続けてきたのです。

　自分らしさと持てる力をめいっぱい発揮して「よりよく生きていこうとする」思いに応える自立活動・支援学級でなければなりません。

　本書のテーマは"よりよい友達関係と感情のコントロール"ですから、「よりよく生きていこうとすること」とは「友達と仲良く過ごし、友達の中で自分の存在感を感じ取り、心理的にも安定・充実した生活を過ごすこと」と読み替えることができるしょう。楽しい活動・やりがいのある活動を通して、友達関係の在り方、感情をコントロールする力を学びます。友達とやると楽しい、楽しいから身に付く！　自分から使うことで、力として身に付いていく活動の創造が求められます。

> 友達と一緒にやると楽しい活動、あるいは、力を合わせないとできない活動、2人や複数で遊ぶ方が楽しくなる活動が鍵になる。

　そして、友達を実際に誘ってみたら、うまくいった、楽しくできたという実感を伴うこと、友達と関わって楽しい、友達と関わる必然性ある活動を通してこそ、人と関わる楽しさを子どもは学び、「よりよく生きていこうとする」のです。

5　よりよい「自立活動」の授業づくり・その方向性

　以上のような、学習指導要領や解説の記述や筆者なりの解釈も踏まえ、支援学級における授業づくりの方向性をまとめてみたいと思います。

(1) 逆転の発想で授業づくり！
①支援学級は悪いところを治す学級なのか？　学校は病院ではない！

Ⅱ 入門

　特別支援学級＝通常学級ではうまくいかない子どもが在籍する学級＝「悪いところを治す学級」というイメージは未だに根強くあります。事実、後述するように、パニックがあったり、友達への暴力があったりすることもあります……当然、それへの対応は必須です。しかし、「悪いところを治す」ために学校に登校する子どもはいません。学校は病院ではありません。
　暴力やパニックは確かに「治す」べき側面です。ですから、「自立活動」でしっかりと対応するのです。しかし、大事な原則があります。それは、「問題行動」を減らそうとしたら、「問題ではない行動」を増やすという逆転の発想です。一日中「問題行動」を起こしている子どもはいません。「問題ではない行動」の方が多いはずです。それを増やすイメージを大切にしてください。その発想こそが大目標である「自立と社会参加」への近道です。
②よさ・いいとこ・できることで授業を発想する。
　本書では、いわゆる「問題行動」「気になる行動」「困った行動」等、特に、ゲームで負けて怒り出して友達をたたいたり、暴れたりしてしまう行動への対応も取り上げます。しかし、叱られるために学校に来る子どもはいません。
　「暴れてしまう自分を何とかしたい」と願って登校するものの、うまくいかない……それが「障害」という困難さです。どの子どもも自分らしさを発揮して充実した一日を過ごしたいと願っているのです。

〈逆転の発想とは？〉
①問題行動を叱って減らすのではなく、問題を起こしていない行動をほめて増やす。
　→離席が激しい子どもならば、着席状態をほめる！
②その子どもが問題行動を起こすことが少ない活動、よさ・得意なことが発揮される活動を用意する。
　→その結果として、問題行動を「減らす」
　　　　　　　文献：『逆転の発想で 魔法のほめ方・叱り方』（東洋館出版社）

本書は②の状況を増やす授業づくりの具体的なアイデアを紹介します。②の状況が実現すると——不思議なもので——①の問題行動は確実に減ります。しかし、過渡的には、問題行動は残ります。本書では問題行動そのものに対応する考え方や授業づくりにも触れます。

(2) 興味・関心を把握し、かきたてる！

先に「興味・関心は大きなキーワードです」と書きました。目の前の子どもの好きなことは何でしょうか？ 電車や自動車に詳しいならば、通級学級の子どもたちに出題するクイズを本気でたくさん作ってみたり、あるいは、電車や自動車の発想を生かしたゲームランドのようなものを作って通級学級の子どもたちを招待したり……様々な発想が浮かびます。子どもたちの興味・関心を惹きつけ・かきたててやまない活動の創意工夫です。

本書の底流を貫く大きなテーマは、『子どもたちが目の色を変えて自分から自分で本音で取り組む"部活動"のような自立活動の創造』です。部活動のような教育、楽しくてやりがいのある活動に、自己の力を可能な限り発揮して取り組むのです。その延長線上に大目標である「自立と社会参加」が実現するのです。

(3) 異学年集団のよさを発揮する

支援学級の特徴の一つは「異学年集団」であることです。後ほど確認しますが、「子どもが楽しみにする学級定番の単元」をぜひ創造したいものです。それがあると子どもの活躍の場が広がります。例えば、運動会をイメージしてみてください。通級学級の子どもたちも、運動会を毎年経験するうちに、「運動会のイメージと見通し」をもつようになります。正に「主体的」に取り組むのです。

毎年取り組む「子どもが楽しみにする学級定番の単元」があると全く同じような状況が実現します。(単に、マンネリにならないように適切なバージョンアップは必須ですが)子どもの「主体的」な取り組みは年を追うごとに確実に高まります。つまり、

Ⅱ　入門

> 先輩後輩という関係の中で、友達関係やコミュニケーション力の高まりが期待できる。

　しかも、先輩は、活動に対する「イメージと見通し」をもっています。先輩が後輩に教えたり、後輩を支えたりという場面は増えます。つまり、コミュニケーション力や友達関係の調整力も確実に高まるのです。

(4) 交流及び共同学習への発展

　学習指導要領には前文があり「一人一人の児童が、自分のよさや可能性を認識するとともに、あらゆる他者を価値のある存在として尊重し、多様な人々と協働しながら様々な社会的変化を乗り越え、豊かな人生を切り拓き、持続可能な社会の創り手」を育成する――正に、共生社会の実現に向けた決意と覚悟が表明されています。

　そのため、「他の小学校や、幼稚園、認定こども園、保育所、中学校、高等学校、特別支援学校などとの間の連携や交流を図るとともに、障害のある幼児児童生徒との交流及び共同学習の機会を設け、共に尊重し合いながら協働して生活していく態度を育むようにすること。」と今回初めて、総則本文に「共に尊重し合いながら協働して生活していく態度」という記述がなされました。

　支援学級の子どもたちがお世話をされたり、お客さんになったりするような活動では「共に尊重し合う」ことにはなりません。支援学級で主体的に自信をもって取り組むことのできる「自立活動」での交流を検討したいのです。具体的には第Ⅴ章で確認します。

> 支援学級が創造する活動（自立活動）を通常学級の特別活動等で取り上げてもらうことで、支援学級の子どもたちが通常学級で「自立的・主体的に」活動することができる。

(5) 学級集団で取り組むことを前提に
①時間割の作成の原則

　本書のこだわりは――もちろん、アレンジすれば個別にも取り組めますが――学級全員で取り組むことができる自立活動の授業の提案です。

　さて、「学級集団で取り組む」となれば、全員集合の時間が不可欠になります。通常学級の場合は全員集合は当然なのですが、支援学級はそうでない場合がとても多いのです。不思議な話です。その大きな要因は通常学級の時間割を先に決めてから、支援学級の時間割を決めるためです。その上で"交流及び共同活動"の時間を確定しますから、「全員集合」には困難が伴うのです。通常学級の教科等の時間に個別に参加する交流及び共同活動を組み込もうとすれば――支援学級は異学年集団ですので――当然、時間割も一人一人違う……ような状態になってしまいます。

　各学校でぜひ大事にして頂きたい原則は以下です。

> 支援学級の時間割を確定した後に、通常学級の時間割を組む。

　"特別支援"のための学級ですから、これが当たり前の原則になる必要があるのです。

②帯状の時間割

　例として次頁のような時間割をあげます。4時間目は「全員集合」の時間になっています。「帯状の時間割」という呼び方をします。この方が子どもには分かりやすいのです。この帯はもちろん6時間目でも、2時間目でも構いません。しかし、昼食前のこの時間帯が子どもたちだけでなく、先生方の感覚でも、最も分かりやすく、力を発揮しやすいでしょう。

　しかし、通常学級の時間割や特別教室の割り振りなどで、同じ時間に毎日集まることは必ずしもできないでしょう。その場合でも、月曜日は2時間目が「全員集合」、火曜日は5時間目が「全員集合」……というように、一日に1時間は全員集合の時間を用意します。楽しく・やりがいある活動を毎日

Ⅱ 入門

	月	火	水	木	金
	登校・着替え・係活動・朝の会					
1	個別交流・個別的な学習				
2	個別交流・個別的な学習				
3	個別交流・個別的な学習				
4	全員集合の自立活動				
	昼食・昼休み・清掃				
5	個別交流・個別的な学習				
6	個別交流・個別的な学習				
	着替え・帰りの会				

やりたい！ という子ども本来の思いを実現します。毎日繰り返すから、力が身に付いていきます。

③週に1回でも！

しかし、特に、新任1年目は一日1回でも全員集合は難しい場合もあるでしょう。その場合には、（本書で紹介する活動は一対一でも可能な活動が多いため）教師と一対一の自立活動を積み重ねて、週に1回でも全員集合できる自立活動の時間を用意しましょう。

Ⅲ 入門

友達関係の力を育む授業づくりのアイデア

Ⅲ 入門

1 楽しく・やりがいある活動を通して

　ここでは、「自立活動の授業でそんなことができるの？」「そんなことをしてもいいの？」という具体的なアイデア、ヒントを紹介します。

　本書の底流を流れる考え方は、「楽しさ・やりがい」です。繰り返しますが、「楽しさ・やりがい」があるからこそ、自分から、自分で繰り返します。繰り返すから、結果として、力として身に付いていくのです。

　特別支援教育の目的は「自立と社会参加」です。本書が目指すのは、その基盤となる力、すなわち、友達との関係をうまく調整する力や関連してのコミュニケーションや感情のコントロールの力を身に付けることにあります。ですから、大きなコンセプトは以下です。

> 「友達とやるから楽しい！　一緒じゃないとできない！」活動の創造。

　ここで紹介する活動は全て、時間割に示したような「自立活動」の授業での展開を想定しています。しかし、読み進めて頂ければご理解頂けますが、「特別活動」「生活」「総合的な学習の時間」「体育」「家庭」等の教科等の活動としても展開できます。「学校の教育活動全体を通じて適切に行う」のが「自立活動」ですから、各教科等にその考えを入れ込む発想も大切です。だからこそ、交流及び共同学習にも発展できるのです。

　そして、ここで紹介する活動はあくまでも例です。場合によっては、「なんだそんなものか……」と思われるかもしれません。これらを参考に発展的な自立活動を創造してください。

2 ゲームを活用する自立活動

　多くの読者は、人生ゲームのようなサイコロボードゲームやトランプやカルタで遊んだ経験があるはずです。いずれも友達とかかわりながら楽しむ遊びです。よく考えてみると、これらのゲームの進行過程では、順番やルール

を守る、相手との具体的な「コミュニケーション」や心理的な駆け引き、勝ったり負けたりなどの「感情のコントロール」に関する諸能力が要求されていることが分かります。

　つまり、ゲームは友達関係や感情のコントロールにかかわる要素が多分に含まれる、極めて、自立活動的な遊びなのです。さらに、加えて言えば、算数・国語・社会等の教科的な要素も含まれます。これらのゲームを自立活動の授業で積極的に活用します。まずは、これらボードゲームやカードゲームを活用する授業を考えます。なお、紹介する多くのゲームは教師と一対一の展開も可能です。

(1) 意義・目的

〈ボードゲームやカードゲームの意義〉
○順番やルールを守る。
○勝ちそうになる……負けそうになる……、あるいは、勝つ・負けるという状況を受け止めながら参加する。
　＊「負けてパニックを起こしてしまう……」等については第Ⅳ章で検討する。
○「一緒にやろう」「次は〜さんの順番だよ」「交代しよう」などコミュニケーションの力が育まれる。
○瞬間的な判断力、短期記憶力、視覚的認知力等が育まれる。
○算数的な活動、国語的な活動の意義もある。もちろん、「特別活動」「道徳」の意義も含まれている。

---

(2) ゲームの種類

　現在、国外発のゲームも含めてたくさんのゲームが発売されています。「楽しさ」と「やりがい」がキーワードですから、「自分が子どもだったら！」という思いは大切です。市販のゲームも含めて、どのようなゲームがあるのか、インターネットで検索したり、実際におもちゃ屋さんに行ったりして調

Ⅲ 入門

べてみてください。取り組むからには、この分野のプロになりましょう！また、インターネットで「SST（ソーシャルスキルトレーニング）ボードゲーム」と検索してもヒットします。

〈市販されている手に入りやすいゲーム〉
○カードゲーム──トランプ、カルタ、動物カルタ、あいうえおカルタ、ことわざカルタ……
○ボードゲーム──人生ゲーム……
○偶発性優位なゲーム──黒ひげ危機一髪……

---

(3) カードゲーム・バリエーション

「トランプ？ カルタ？」と驚かれた読者がいても当然かもしれません。古典的とも言える少人数集団遊びです。しかし、その教育効果は計り知れません。ここでは、100円均一ショップなどでも手に入りやすいカードを使用した楽しいゲームを紹介します。

☆「それはなーにゲームⅠ」（2〜6人）
〈準備するもの〉「あいうえおカルタ」や「動物カルタ」の絵札
〈目標〉＊この先、各ゲームの冒頭に〈目標〉を書きますが、先に触れた「ボードゲームやカードゲームの意義」に加えて、さらに次のような目的・意義がありますという意味です。
○言葉やジェスチャーでの言語的・非言語的コミュニケーション力を育む。
○言葉を聞いたり、ジェスチャーを見たりしてイメージする力を育む。
〈やり方〉
①「あいうえおカルタ」絵札のみを使用する。
②裏面にしたカード全てを山にして中央に置く。
③順番を決める。カードをひいた子どもはそのカードの絵を見ないで、周りの友達に見えるように持つ。

つまり、本人は絵札に「何の絵が描かれているのか」が分からない。
④カードを持っている子どもがその「絵」の内容をイメージできるように、隣の友達から順番に、ヒントを一つずつ出す。ヒントはジェスチャーでも、言葉等でもよい。
　＊なお、順番を決めずに周りから次々とヒントを出してもよい。動物の場合、鳴き声をNGにするとレベルが高くなる。
⑤カードを持っている子どもがその「絵」の内容を当てたら、「おめでとう！」と全員で言って、次の友達が同様にカードを引いて、周りの友達に見えるように持つ……を繰り返す。

〈解説〉
①グループ対抗にすると非常に盛り上がる。1～6年生どの学年でも取組が可能である。「カルタ」のそのもの数を増やせば、通常学級の「特別活動」等の時間でも班別対抗戦ができる。支援学級でしっかりとやり方を身に付けた後、通常学級に行って交流及び共同学習として展開してもらう。また、逆に、教師と一対一も可能である。
②隣の友達が一つヒントを出して、さらに隣の友達がヒントを順番に出すという決まりだが、慣れてきたら、思いついた人から誰でもヒントを出すというルールでも可能で、大変盛り上がる。
③低学年は「動物カルタ」で行う。動物カルタは「動物」というキーワードでイメージしやすく、鳴き声や仕草等を想起しやすいため、入門期にはお薦め。「動物カルタ」を活用する「それはなーに・動物バージョン」に慣れてから「あいうえおカルタ」に移行する。
④なお、子どもには説明が難しい動物や品物等が絵札に含まれていることがある。それらのカードについては、あらかじめ除いておく。

☆「それはなーにゲームⅡ」
〈バージョンⅡのやり方〉
＊「それはなーにゲームⅠ」を発展させた逆バージョンゲーム。

Ⅲ 入門

①裏面にしたカード(絵札)全てを山にして中央に置く。
②順番を決める。カードをひいた子どもは周りの友達にカードが見えないように持つ。
③周りの友達がその「絵」をイメージできるように、カードを持っている子どもは次々とヒントを出す。ヒントはジェスチャーや言葉等でもよい。
　＊「隣の友達が答える」もしくは「誰が答えてもよい」とルールはあらかじめ決めておく。動物カルタの場合、鳴き声をNGにするとレベルが高くなる。
④友達がその「絵」の内容を当てたら、「おめでとう!」と言って、次の友達が同様にカードを引いて、友達に見えないように持って、ヒントを出す……繰り返す。

〈解説〉
①まず「バージョンⅠ」に繰り返し取り組む。それにより、子どもは(カルタ絵札の)動物、食べ物等についてのイメージやそれをどう表現するのかのコミュニケーション技術を体得していく。「バージョンⅡ」はそれを発揮する場と言える。
②イメージを表現する言葉、コミュニケーションや表現技術の定着をねらっている。支援学級の先輩は、このゲームを何回も経験することになるため様々な表現のバリエーションを活用する機会ができる。
③なお、「ことわざカルタ」「四字熟語カルタ」……等に繰り返し取り組んでおおよその「ことわざ」「四字熟語」を覚えた後で、「それはなーにゲーム」と同様の遊び方が可能になる。
④さらに、「それはなーにゲーム」は、簡単なソーシャルスキルや学校行事等の自作のカードゲームとしての発展も可能である。

☆「二文字言葉神経衰弱」
〈準備するもの〉「あいうえおカルタ」
〈目標〉

①語彙を増やす。
②視覚的な短期記憶を鍛える。
〈やり方〉＊トランプの神経衰弱と同じやり方。
①「あいうえおカルタ」の絵札のみ使用する。
②全てのカードを裏面にして机の上に広げる。
③順番を決めて、カードを2枚ずつ表にしていく。そのカードが例えば「り」と「あ」だとするならば、「あり」という二文字の言葉として成立するので、その2枚のカードをもらえる。
　＊個人戦ではあるが、この時点でその子どもが「あり」と気づかない場合は、周りの子どもが「あり」と教えるかどうかはあらかじめルールとして決めておく。
④二文字言葉ができたら、続けて、2枚のカードを表にできる。2枚のカードで二文字言葉ができない場合は、カードを裏返しにして元に戻す。
⑤隣の子どもも同様に続け、二文字として成立しないカードが残った時点で、たくさん持っている人が勝ち。
〈解説〉
①小グループが2つ以上できる場合は、グループ対抗戦でもおもしろい。その場合、ある子どもが2枚カードを表にした段階で、周りの子どもは率先して二文字言葉を言う。あらかじめルールとして確認が必要だが、裏返しになっているカードに書かれている文字をグループの友達同士で教えることもできる。
②尚、読み札をラッキーカードとして2、3枚混ぜて、どの文字としても使えるようにしてもよい。あるいは、全く逆に、それらをブラックカードとしてそれらを引いてしまったら、手持ちカードを全て場に戻すというルール設定も盛り上がる。また、「を」は「お」に、「ん」は「う」としても使用できる……等はあらかじめルールを決めておく。
③慣れてきたら、「1人二文字言葉神経衰弱」もできる。つまり、それぞれの子どもの目の前に絵札50枚があり、1回に表にするのは2〜4枚とい

う約束でゲームを進めるレベルの高い個人対抗戦も可能。

☆「二文字言葉ババ抜き」
〈準備するもの〉「あいうえおカルタ」
〈目標〉
①語彙を増やす。

〈やり方〉＊トランプの「ババ抜き」と同じやり方。
①「あいうえおカルタ」の絵札のみを使用する。
②「ババ抜き」と同じ要領で、全員にカードを配る。
③持ち札で二文字として成立する２枚のカードは全て場に捨てる。
④順番を決めて、「ババ抜き」と同じ手順でゲームを進める。
⑤早く持ち札がなくなった人が一番。二文字として成立しないカードをもっている人が負け。

☆「あいうえおカルタ神経衰弱バージョン」
〈準備するもの〉「あいうえおカルタ」
〈目標〉
①視覚的記憶を鍛える。
②言葉の意味理解や語彙を増やす。
〈やり方〉
①読み札コーナーと取り札コーナーを別々に設け、全て裏返して広げる。
②それぞれのコーナーから１枚ずつ表にして、「読み札」「取り札」の意味が合えばその２枚のカードをもらえる。
③かなりレベルの高いゲームになるため、それぞれのコーナーから２枚ずつ表にするというルールでも良い。あるいは、「１人３回までは『ラッキーチャンス』があることとして、『ラッキーチャンス』を宣言したときには、それぞれのコーナーから『２枚ずつ表にできる』」というルール設定でも構わない。

〈発展〉
① 人数が多い場合には、グループ対抗も可能になり、「読み札担当」「取り札担当」を決めて進めるバリエーションも可能。
②「ことわざカルタ」「四字熟語カルタ」等で同様のゲームが可能になる。

☆「あいうえお並べ競争」
〈準備するもの〉「あいうえおカルタ」
〈目標〉
① 友達と話し合って、作戦を考える。
＊Ａさんは「ア行からサ行」、Ｂさんは「タ行からマ行」を並べる……等。
② 友達と力を合わせて進める。
〈やり方〉
① あいうえおカルタの取り札（もしくは読み札）全てを表にしてランダムに机の上に並べる。
② ゲーム開始前に「作戦タイム」を30秒〜1分間用意する。友達と話し合って作戦・役割分担を決めることにも大きな意味がある。
③「よーい、スタート！」の合図で、一斉に五十音を並べる単純なゲーム。それだけに大変盛り上がる。
〈解説〉
①「五十音」を理解していれば誰でも参加できるゲーム。大人がやっても十分に盛り上がる。
② 4人が2人ずつの2チームに分かれ、各個人に1セット用意して展開し、個人順位とチームの勝ち負けを争うことも可能。

☆「10の合成神経衰弱」
〈準備するもの〉市販の「トランプ」
〈目標〉
① 10の合成・分解を確かにする。

Ⅲ　入門

②視覚的な短期記憶力を高める。
〈やり方〉
①「神経衰弱」と同様に全てのカードを裏返しにして広げる。
②ルールの確認
ア、1枚目をめくって、10以上のカードが出たらもらえる。9以下のカードの場合はそのまま表にしておく。
イ、その子どもは、もう1枚、カードを表にする。10以上のカードが出たらもらえる。9以下のカードの場合は、アで残っているカードの数字と「足して10」になったら2枚ともらえる。「足して10」にならなければ、2枚とも裏返す。
③順番を決めて、「神経衰弱」の手順で進めていく。
〈解説・発展〉
①「二文字言葉神経衰弱」の解説を参照して、発展系ゲームも可能。
②3枚カードを引くことにして、足して10になる2枚をもらえる（残りの1枚は裏返して場に戻す）ルール設定も可能。
③「11」「12」「13」までの合成として繰り上がりのある計算に発展も可能。
④ジョーカーを1枚入れて、「好きな数字」として使えたり、逆に、「ブラックカード」としてジョーカーを引いたら、全てのカードを場に戻したりするのも大いに盛り上がる。

☆「10の合成ババ抜き」
〈目標〉
10の合成・分解を確かにする。
〈やり方〉
①「ババ抜き」と同じやり方で、ジョーカーを1枚入れてカードを全員に配る。
②10以上のカード及び「足して10になる2枚のカード」は全て場に捨てる。
③「ババ抜き」と同じようにゲームを進め、「足して10」になった2枚のカ

ードは場に捨てていく。早くカードがなくなった人の勝ち。
④ジョーカーを最後に持っていた人が負け。

☆「カード並べ競争」
　ハートの1～13、ダイヤの1～13……と、「七並べ」の完成状態に手早く並べることを競うゲーム。
〈目標〉
①友達と話し合って、作戦を考える。
＊Aさんは「ハートを並べる」、あるいは、「全てのマークの1～4を並べる」……等の友達との作戦会議がこのゲームの一つのポイント。
②友達と力を合わせて進める。
〈やり方〉
①ジョーカーを除いたトランプ全てを表にしてランダムに机の上に並べる。
②作戦会議の時間を30秒～1分間用意する。
③「よーい、スタート！」の合図で、一斉に七並べ状態を完成させる単純なゲーム。それだけに大変盛り上がる。
＊ハートやスペード等のマークを無視して、数字のみに焦点化して並べるバージョンも可能。
④先に触れたように、個各人に一組のトランプを用意して1人で全て並べるバージョンも可能。

(4) ジャンケン・バリエーション
　何の準備もなく、その場ですぐに楽しめる「ジャンケン」。使い方によっては、様々な意味づけが可能なシンプルゲーム＆アイスブレイキングの代表です。本書で紹介するバリエーションを参考に、様々なアレンジをしてください！

Ⅲ 入門

☆目標
①単なる勝ち負けではなく、友達と息を合わせる心地よさを味わう。
②算数の時間の導入や数の入門期の授業の中で、足し算やかけ算等の復習。

☆「ラッキーファイブ」
①２人組でやる「５の合成ジャンケン『ラッキーファイブ』」
②５本の指を何本出しても構わない。例えば、１人が指３本を出して、もう１人が指２本を出せば、「足して５」になるので、その時点で「ラッキー！」と言いながら、両手をパチンと合わせて終了。グーはゼロとする。
③「足して５」になるまでは何回もジャンケンをすることになる。
④グループ対抗戦が盛り上がる。早く成立したグループが勝ち。
⑤「ラッキーシックス」「ラッキーセブン」まで楽しめる。

☆「ラッキーテン」
①３人組でやる「10の合成ジャンケン『ラッキーテン』」
②ルールは「ラッキーファイブ」と同様。

☆「２人組両手ラッキーイレブン」
①２人が同時に両手でジャンケンをする。指は何本出しても構わない。２人が両手をパーにすれば最大20になる。
②足して「11」になったら「ラッキー！」と言って、両手をパチンと合わせて終了。
③「ラッキー12」も可能。

☆「４人組片手ラッキーイレブン」
①４人が同時に片手でジャンケンをする。指は何本出しても構わない。四人が全員パーを出すと最大20になる。
②足して「11」になったら「ラッキー！」と言って、両手をパチンと合わせ

て終了。
③「ラッキー12」も可能。

☆「足し算ジャンケン・片手バージョン」
①5本の指を何本出しても構わない。
②2人組でジャンケンをして、2人の数字を足した数を言う。
③「足した数を交代で4回言ったら終了」というようなルールを設定して、早く4回言ったチームが勝ち。
〈発展〉
○ジャンケンをした2人の個人対抗も可能。その場合は、早く合計の数字を言った方が勝ち。
○当然、「引き算ジャンケン・片手バージョン」も可能。

☆「かけ算ジャンケン・片手バージョン」
　「足し算ジャンケン」のかけ算バージョン。指の出し方は同じ。それぞれの数をかけた答えを言う。グループ対抗戦も可能。

　なお、ジャンケンを活用する計算ゲームは、2人が両手を使うことで（最大で10＋10、10×10）、「足し算ジャンケン・両手バージョン」「かけ算ジャンケン・両手バージョン」等のバリエーションが可能になります。また、3人組でのアレンジも可能になります。自立活動としての扱いはもちろん、算数の導入やまとめの遊びとして活用することも可能です。また、出会いの時期や様々な活動のアイスブレイキングとして、保護者会を含む様々なシーンで活躍します。

☆「ことわざカルタ」
〈意義〉
　小学校国語の単元にも「ことわざ・故事成語」があります。友達関係や感

Ⅲ 入門

情のコントロールに困難さを抱える子どもたちが、ことわざを唱えることで気持ちを落ち着かせたり、切り替えたりする姿は多く見られます。語呂が良いため覚えやすく、真理を巧みに言い表しているためだと思われます。

　例えば、失敗するたびに怒ってしまう子どもや、逆に落ち込んでしまう子どもがいた場合に「失敗は成功のもと」「猿も木から落ちる」「急がば回れ」……等の意味を知ることで、自分の気持ちを少しずつコントロールできることもあります。

　「カルタ遊び」としての順番を守る等の意義とともに、学年に応じて、ことわざそのものの意味を考える時間も用意します。そこには、「自立活動」内容区分の、特に「心理的な安定」に関わる意義があることを確認したいと思います。

〈発展例〉
① 「ことわざカルタ」で遊ぶたびに、学習課題にする「ことわざ」を一つ取り上げます。例えば、下のようなプリントを1枚用意しておきます。選択肢を用意することで、自分の行動を幅広く見つめ直すきっかけにします。教師と一対一でも、小グループ学習の場合でも必ず意見交換をして、次に生かしたいポイントを確認するようにします。

今日の"ことわざ"「失敗は成功のもと」

1. 近い意味に○をつけましょう。○はいくつ付けてもかまいません。
   （　）失敗しても、何の問題もないということ
   （　）失敗すると、新しいことを考えるきっかけになり、成功に近づくということ
   （　）なぜ失敗したかの原因を考える必要はないということ
   （　）失敗した原因を考えないと、また失敗するということ
   （　）失敗してもくよくよしないで、元気をだそうということ

2. 友達や先生の意見も聞いてみよう！

3. 今日、勉強したこと

② 「自立活動」や「国語」の学習活動で、ことわざの意味、使い方、近い意味のことわざを「ことわざ辞典」で調べるなどして、交流及び共同学習の時間に発表するなどの取り組みに発展させることができます。
③ 「四字熟語カルタ」も同様の使い方ができます。
　最近では、「地名カルタ」「ギャグカルタ」……等のカードが発売されています。様々な遊び方にチャレンジしてください。

(5) オリジナルゲームの作成・活用
☆「みんなハッピーカルタ」
〈目標〉
○友達関係や感情のコントロールについて考える。
〈準備〉
　第Ⅳ章で紹介する『優しい言葉たくさん』のような温かな言葉を考える授業を導入的に展開する方がリアリティーが高まります。本授業を展開する前に、『優しい言葉たくさん』もぜひ確認してみてください。
① 例えば、「イライラしたときどうしたらいいかな？」等と子どもたちに投げかけ、教師が「イライラは水をのんだらなくなるよ」等のハッピーになれる合い言葉を一つか二つ提示する。
② 合い言葉がある方が少し気持ちが落ち着くことを確認し合い、『みんなハッピーカルタ』づくりを提案する。下図のようなサンプルを示す。

Ⅲ　入門

〈読み札〉

```
イライラは
～すると なくなるよ
```

〈取り札〉

をのんだら

③子どもたちからも意見を出してもらう。
④同様に「困ったとき……」「うれしいとき……」「パワーアップしたいとき……」等の様々なシーンを提示しながら、20～50ぐらいのハッピー合い言葉を集める。
＊後に触れるが「交通安全標語」を考える活動もおもしろい。
⑤名刺大のカードを用意し、「読み札」「取り札」に書き分けていく。パソコンを使用できる環境があれば、名刺ソフトを使用してパソコンで入力・印刷してもかまわない。

〈ハッピー合い言葉の例〉

「イライラは　水をのんだら　なくなるよ」
「イライラは　いち・に・さんと　深呼吸」
「イライラは　呪文をとなえて　のみほそう」
「イライラは　ガマンガマンで　やっつける」
「やってます　いつも自然に　深呼吸　イライラしない　あせらない」
「気をつけよう　あせらず　あわてず　カッとせず」
「ジャマイカは　みんなやさしい　じゃーまーいいか！」
「みんな　やさしい　合い言葉　"いいね"　"なるほど"　"そうなんだ"」
「みんな　笑顔の　合い言葉　"そうだね"　"オッケー"　"ありがとう"」
「友達励ます　合い言葉　"頑張れ"　"ドンマイ"　"ありがとう"」
「ごめんね　と言える勇気は　かっこいい」
「やさしさが　好きです　あなたのその笑顔」
「その笑顔　やさしい　あったか　また見たい」

> 「ほめ言葉　S（エス）の言葉は温かい！さすが、すごいね、すてきだね！」
> 「S（エス）の言葉で励まそう！　そー！すばらしい、それでいい！」
> 「あぶないぞ！　車は、急に　止まれない！」
> 「ちょっとまて！　よく考えて！　よく見よう！『とまれ』の標識　心にも！」他

〈やり方〉
①カルタ取りと同じやり方。
②先に紹介したように、読み札コーナーと取り札コーナーを分ければ、神経衰弱バージョンも可能。

〈解説〉
①子どもによっては、五・七・五の川柳調になるように、文字数を決めてもよい。
②ハッピー合い言葉を読み合う過程で、それらが子どもの中に定着していく。そのため、友達関係づくりや感情コントロール力の高まりも期待できる。
③また、ハッピー合い言葉を出し合う過程で、具体的なシーンを想定しながら話し合うことで、より深まりのある「自立活動」としての授業になる。
④『交通安全標語』の活用――先に例示したハッピー合い言葉の最後の二つは『交通安全標語』である。「あせってる　今があなたの　赤信号」「また一つゆずる心で笑顔がふえる」……等、いくつも有名な標語があり各地で標語の募集や大賞の発表等が行われている。これらの標語を考える活動は多動性や衝動性の強い子どもたちにとても有効なことが経験的に確かめられている。どちらかと言えば、「ブレーキをかけるのが遅れがちな子ども」にとって、『交通安全標語』を考えること自体がとても意味ある活動になる。ぜひ、活用したい。

Ⅲ　入門

☆「勉強パワーアップすごろく」
　「すごろく」は室内少人数遊びの「鉄板ネタ」と言えるほど、様々な学びの要素が含まれます。紹介するのはいわば定番ですので、アレンジして活用ください。
〈目標〉
①すごろくならではの順番を守ったり、サイコロで出た目の数を進んだり、場合によっては、休みのマスに入ったり等のルールを守る。
②コーナーの内容を変えることで、様々な学習の定着を図る。
〈準備〉
①「すごろく」とコマの作成
○模造紙1枚（適当な大きさのダンボール等でも構わない）を用意する。スタート・ゴール位置を決めて、すごろく風に経路を描く。
○マスは色塗りをしても構わないし、色紙をはっても構わない。子どもに応じて検討する。
○マスの色はジャンルを表している。たとえば、赤＝算数、青＝国語、緑＝「みんなハッピーカルタ」、黄＝ジョーカー、紫＝先生のドッキリ問題、黒＝1回休み……色は多くても構わない。なお、赤＝算数としたが、何回か遊んだ後は、全く別ジャンルのクイズを作成してもよい。
○ペットボトルキャップ等を活用して、子どもオリジナルのコマを用意する。
②色別（ジャンル別）カードの作成　＊以下、色も内容もあくまでも例
○カードの大きさは名刺大を基本に子どもが字を書きやすい大きさにする。
○実際には、色紙でカードを作成する必要はなく、マジック等で目印を付けても良い。
○赤カード――全て算数の既習計算・文章問題。異学年集団で取り組む場合には、低学年の子どもが高学年用のカードを引いた場合は、もう1枚カードを引いたり、ヘルプを出したりする（←ヘルプを出すことも学習の一環）。さらには、低高学年の2人ペアで進行しても良い。カードがたくさん貯まってきたら、コーナーの中はさらに学年別にすることも検討。

○青カード──全て国語の既習の「漢字」「四字熟語」「ことわざ」の読みや書き等。算数同様に、異学年に対応できるルール設定。
○緑カード──「みんなハッピーカルタ」の読み札
○黄カード──トランプのジョーカー的なものとして「3つ進む」「一番最後の友達を3つ進める」等のラッキーカードや「3つ戻る」「先頭の友達は5つ戻る」等のブラックカードが混在している。
○それぞれのカードは子どもと作成する。毎日の教科学習のまとめを兼ねて、カードを作ってもよい。
○教師が作成する国語・算数の問題やドッキリ問題も毎回追加していく。

〈やり方〉
①サイコロを振って、出た目の数だけ進む。
②黒のマスに止まったら1回休み。
③赤のマスに止まったら、赤カードを引く。その問題に正解の場合はクリア。不正解の場合は、1回休み。なお、不正解だった場合の対応は、もう1枚カードを引ける、あるいは、ヘルプを出して(1人3回までヘルプを出せるなどのルール設定)友達に教えてもらう等のやりとりの機会を用意する。
④同様に、各色に止まったら、同色のコーナーから、カードを引いて答える。
⑤ゴールに先に着いたら勝ち。

〈解説〉
①上記の教科別コーナーはあくまでも一例。下のように、様々なジャンルを用意しても構わない。常に新奇性を高めるためにも少しずつ各コーナーのジャンルに変更を加える。

〈ジャンルの例〉
○子どもの興味関心に応じたコーナー──昆虫、電車、車、アニメ……
○「なぞなぞ」「スリーヒントクイズ」「ことわざ」「四字熟語」……
○「言われてうれしい言葉」「困った顔・怒った顔・変顔…」等の指示が書いてある……

Ⅲ 入門

> ○「〜〜のときどうする？」のようなコーナー
> ○「○○先生からのビックリ問題コーナー」──例えば、「腕立て伏せ10回」など笑える指示も……。

②それぞれの子どもが用意するコーナーを必ず設定するようにすれば、興味関心に応じて問題を作成することになり、調べ学習や家庭学習にも大いに発展できる。
③「言われてうれしい言葉」「困った顔をする！」「怒った顔をする！」「変顔をする！」「〜〜のときどうする？」……等の友達関係やマナー・ソーシャルスキルに関する出題も可能になる。

〈発展〉
①学校祭等のゲームコーナーに発展させる場合には、人間ジャンボすごろくでも構わない。子ども２人がギリギリ立てる程度の段ボールを一マスにしたボードゲーム。二人が同じマスになったら、"協力して立っている"ことになる。
②遊び方を覚えた後は、２人組で１チームとして、２人で同時に２個のサイコロを振り、合計数だけ進む。あるいは、大きい数字から小さい数字を引いた数だけ進むのもよい。
③さらに、カードを読む人、答える人というペアならではのかかわりも加える。

以上のようなゲームはあくまでも例です。これをヒントにさらに楽しく・やりがいあるゲームを考案してみてください。子どもたちは楽しみながら学習を定着させたり、友達関係や感情コントロールの力を身に付けたりしていくことができます。ぜひ、活用してください。

3 体育的な自立活動

先に、ボードゲームやカードゲームの意義に触れましたが、実は、「体育」

で扱われる様々なゲームにも、友達関係や感情のコントロールに関わる要素が多分に含まれます。それは「チームプレー」という言葉に象徴されるでしょう。つまり、体育的なゲームは「チーム」という点に焦点化すれば、極めて、「自立活動」的なのです。これも授業で大いに活用したいものです。

ここでは、「鉄板ネタ」の一つとも言えるサーキット遊びを紹介します。数限りない様々なバリエーションが可能です。本書で紹介するのはあくまでも一つのアイデアです。ただし、"友達と一緒だから楽しい""友達と2人組でなければクリアできない"という大原則を外してはいけません。「学級の定番単元」として発展させてください。

(1) 意義・目的と教育課程上の位置づけ

〈体育的なゲームの意義〉

○順番やルールを守る。
○友達と息を合わせて、協力する力を育む。
○勝ちそうになる……負けそうになる……、あるいは、勝つ・負けるという状況を受け止めながら参加する。
＊「負けてパニックを起こしてしまう……」等については第Ⅳ章で検討します。
○コミュニケーションの力が育まれる。
○（後述するが展開の仕方によっては）算数的な活動、国語的な活動の意義もある。もちろん、「特別活動」「道徳」の意義も含まれている。
○結果として、運動能力の向上を図ることができる。

教育課程上は、「自立活動」として展開することを前提にしていますが、「体育」の授業としても展開できます。支援学級でたっぷり活動した後は、交流及び共同学習として通常学級の友達を招待します。よりよい友達関係を築き、感情をコントロールしながら取り組む経験をより豊富に積み重ねたいものです。

Ⅲ 入門

(2) サーキット遊びのやり方

〈目標〉

①友達と声をかけ合い、力を合わせて行動する。

②コーナーの内容を変えることで、様々な学習をすることができる。

〈設定〉

①体育館で展開することを想定している。天候に左右されず、下記のようなセッティングもしやすい。

②コーナーの設定は図のようになる。仮にA～Eとしたが、子どもの様子に応じてコーナーは多くても、少なくても構わない。単元の流れの中で増やしたり、減らしたりしても構わない。

③コーナーの設定―体育会系と文化系と仮に名付けている。

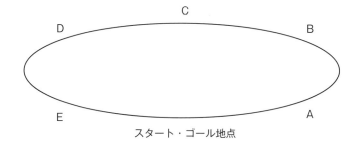

〈体育会系コーナーの設定例〉

①用意するもの

　図工の時間等に、子どもたちと製作します。製作するのはちょっと重い……と感じられる場合は、①を読み飛ばして②の「やり方」に進んでください。特別な用具がなくても十分に実施が可能です。子どもたちの活動が盛り上がったら、ぜひ、以下の用具を製作してサーキット遊びをさらにバージョンアップさせてください。用具は一度製作してしまえば、何回でも使用できますので、学期に一つずつでも作り貯めていくつもりで進めます。

☆「段ボールキャタピラー（横タイプ・縦タイプ）」
○冷蔵庫や洗濯機を梱包するような大きな段ボールを用意する。
○二つのタイプがあり、一つは子どもが横に並んで進む横タイプで、もう一つは縦に並んで進む縦タイプ。

○「いち、に、いち、に…」等とお互いに息を合わせないとうまく前に進めない構造になっている。
○発展――キャタピラーで動く距離を伸ばすことで、「段ボールキャタピラー競争」として、リレーや競争も可能になり、かなりの運動量が確保できる。

☆「2人組ボールキャッチ（2人組スマートボール）」
○子どもと一緒にベニヤ板（冷蔵庫や洗濯機の大きい段ボールでも製作可能）と木材で製作する。
○穴の中にカラーボール（やゴルフボール）を入れるゲーム。穴の大きさはカラーボールが落ちない程度にスッポリと収まるようにする。
＊落ちてしまう構造でも構わないが、穴がふさがる感覚もおもしろい。
○穴の数やカラーボールの数を変えることで、子どもたちの様々なレベルに応じることができる。なお、穴は紙を貼るなどしても簡単にふさぐことができるので、多めに開けておく。
○お互いに息を合わせて動かすことにポイントがある。
○穴やカラーボールの色それぞれに得点を付けても構わない。つまり、難度

Ⅲ 入門

の高い穴に入れたり、特定の色のボールを同じ色の穴に入れたりした場合は点数が高くなるようにする。
○発展──「2人組ボールキャッチ競争」として一つのゲームとして独立させ、タイムを競ったり、制限時間の中でいくつキャッチしたかを競うことも可能。
②やり方
　以下の設定はあくまでも例示です。子どもの様子に応じて、減らしたり増やしたり、難度を変えたりしてアレンジしてください。
○スタートからAまでの移動区間──二人三脚。「イチ、ニ、イチ、ニ…」と声を合わせて。
○A地点──マット：船こぎ5回、腹筋・背筋トレーニングを友達と交代で5回ずつ、背中あわせ立ち等。
＊子どもに応じて活動や回数を決める。
○A～Bまでの移動区間──「段ボールキャタピラー（横タイプ）」
○B地点──「2人組ボールキャッチ」
○B～Cまでの移動区間──手をつないで走る
○C地点──「いくよー」等の声を掛け合ってバスケットボールパス5～10回
○C～Dまでの移動区間──手押し車
○D地点──「息を合わせてボール渡し」：背中合わせに立って、ボールを

頭の上から渡して、股の下から受け取る。逆方向にもやって5回ずつ合計10回。体育の時間等に練習しておく。運動量を確保できるおもしろい活動。

○D～Eまでの移動区間──「段ボールキャタピラー(縦タイプ)」
○E地点──「2人組背中合わせスクワット」5回
○E～ゴールまで移動区間──「背中合わせカニ歩き」

③解説
○A～Eまでをそのまま展開するとかなりの運動量が確保できる。そのため、子どもに応じて、活動の進行状況に応じて、コーナーの数や活動回数を増やしたり減らしたりする。

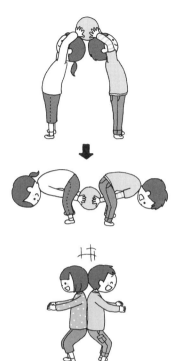

○サーキットの一部として体育館のステージを取り入れて、2人組で手をつないで滑ることのできる幅広すべり台を製作・設置しても大いに盛り上がる。
○子どものモチベーションが高まるように、「忍者道場」や「目指せオリンピック」等、単元そのもののネーミングにも十分にこだわる必要がある。
○「2人組」に徹底してこだわって活動を検討する点にポイントがある。様々な活動と工夫が考えられる。また、動きや目印が明確で、また、各コーナーの課題を変えることで、知的障害を伴う子どもも参加しやすい利点がある。

〈文化系コーナーの設定例〉
①用意するもの

Ⅲ　入門

　「勉強パワーアップすごろく」で作成したジャンル別カード（「計算カード」「ことわざカード」「なぞなぞカード」「四字熟語カード」「みんなハッピーカルタ」等。）を活用しても構わない。しかし、1人が回答してしまうと、友達と協力する側面が弱くなるため、「1人が読み上げて、もう1人が答える」等のルール設定をする。次に読み手と答え手を交代して合わせて2回等のルールでも良い。

☆「2人組漢字合わせカード」
○子どもの力に応じて取り組めるように、二分割された漢字カードを用意する。
○コーナーには、組み合わせると四つ程度の漢字が成立するようにカードを用意する。
○カードを裏面にして床に広げておく。「いっせーのーせ！」で声を合わせて、2人同時に一枚ずつ表にする。漢字として成立すれば2枚合わせておく。成立しなければ再び裏返して、もう一度、「いっせーのーせ！」と繰り返す。漢字が全て成立したら、次のコーナーへ。
○作成する分割漢字の大きさにもよるが、小さめにたくさん作成すれば、「漢字神経衰弱」として教室でも活用できる。

☆「ブロックセットゲーム」
○市販のブロックか様々な色の付いた積み木を用意する。もちろん、段ボールで手作りした大きな箱でもおもしろい。
○指示カードには「赤を机の上に置かないで、黄色を置く」等の指示が書いてある。
○1人が読み上げ役、もう1人がブロックをセットする役になる。立場を代えて、もう1回やったらクリア。

> ### 「ブロックセットゲーム」の発展
> 　聴覚的な短期記憶や空間イメージを刺激するこのゲームは様々なネーミングで活用されており、かなり汎用性がある。例えば、
> ○指示書を複雑にする場合──例えば、「赤を机の上に置かないで、黄色を置く。緑色を黄色の上ではなくて、右側に置く」等の指示を増やしたり、複雑化していく。
> ○指示書の読み手が文章を記憶して友達に伝える場合──いわゆる伝言ゲームバージョン。難度の高いゲームになる。
> 　様々な発展的なバリエーションが可能になり、「ブロックセットゲーム」だけでも十分に「自立活動」として展開が可能になる。

②やり方
○移動区間は〈体育会系〉に準ずる。
○A～Eの各コーナーに様々なカード類をセットして、2人組のペアで次々とクリアしていく。
○全コーナーをクリアする時間で競っても、制限時間内にいくつクリアするかで競っても構わない。
○友達にやさしい言葉を言えたら、ボーナスポイント等も。

〈留意点〉
○さらに、発展としてサーキット内の中央部に、「先生からの挑戦状」等のスペシャルステージを用意してもよい。
○2人で協力しなければクリアできない課題、2人で協力する方がおもしろい活動を取り上げている。しかも、比較的簡単な活動であるため、そこでの友達関係（息を合わせることや「いくよー！」「せーの！」というかけ声等）が必然化されることになる。
○ここでは、大きく体育会系と文化系の例を示したが、それぞれのコーナー

Ⅲ 入門

の内容を変えることで、様々なバリエーションや発展を期待できる。課題・活動の難易度を変えることができるので、学年や子どもの課題に応じた活動を用意しやすい利点がある。体育会系と文化系を混ぜてもよい。
○ここでは「サーキット」を取り上げたが、体育の時間に展開される様々なゲームを「チーム」「協力」「友達関係」「コミュニケーション」「勝敗」の観点から焦点化すれば、「自立活動」としての意味づけは増す。
○仮に、1～3人の学級であったとしても、教師が共に活動する仲間としてペアになることで十分に活動として展開できる。

4　学級独自の校外学習（遠足）

　遠足は非日常的な楽しみも加わる貴重な機会です。子どもが楽しみにするだけに、展開の仕方によっては、事前・事後学習の充実を含む自立活動を中心とした総合的な学びの学習として機能します。もちろん、校外に出ることになりますから、管理職を含む校内の理解を得ての応援体制も必要です。しかし、その手間を踏まえても十分にお釣りが出るぐらいの効果が期待できると思います。
〈行き先の検討〉
　行き先の決め方自体も一つの学習になります。
①最高学年の子どもの興味・関心を第一に決定する。
②子どもたちの話し合いと投票で決める。ハイキング、水族館、交通博物館、動物園……。
③毎年、行き先が変わるとやはり準備も大変です。教員の負担感も考慮する必要があります。定番の行き先を2箇所ほど用意しておき、毎年、順番で行くという方法も考えられます。この方法は教員の負担感への配慮もありますが、むしろ、子どもたちにも大きなメリットがあります。中高学年の子どもたちは2、3回行くことになりますので、そのときの体験や反省を踏まえて、様々なアイデアを出しやすくなります。自立的・主体的な姿を実現しやすくなります。

〈単元の進め方〉

　行き先が決まったところで、いよいよ準備を進めます。この学習は——当日ももちろん大事なのですが——事前・事後学習に大きな意味があります。とても楽しみにする当日に向けて、徹底して準備します。「徹底」が大事です。

> とても楽しみにする「生活目標」があるからこそ、マナー学習・ソーシャルスキル学習にも真剣に取り組む。

①目標の確認
○遠足の目的の確認——たとえば、水族館に行く場合はそこで何を見て・調べて、帰ったから何をするのか（例：「海の生き物図鑑をつくろう」「1年生と海の生き物クイズ大会をしよう」）を確認する。
○マナーの確認——校外・公共の場で行動するためのマナーの勉強をすることが大切です。実際に、公共の場で行動することになりますから、本気度が高まります。求められるマナー・スキルをしっかり確認します。
②目的地の情報収集——開館時間、入場料、施設の見所や特徴、施設の広さや構造と観察・体験経路、観察・体験時間、トイレや昼食時間・場所、写真を撮れるか？、お土産を買えるか？……等。
③目的地までの経路情報——目的地の最寄り駅、集合場所から最寄り駅までの移動手段（乗り換えの有無）
　・経費・所要時間、最寄り駅からの移動手段・所要時間……等。
　　＊上記の②③は正に「生きた学び」になります。インターネットを駆使しての調べ学習や、さらには、先方に直接電話して確認する等します。教科等横断的な学びになるはずです。
④公共の場でのマナー学習——自立活動本体に当たる部分です。「集合時間に遅れそうになったら…」「集合場所での約束」「車内での約束」「施設での約束」等の話し合い、そして、「様々な場面を想定したシミュレーショ

Ⅲ　入門

ンと振り返り」……これは限りなく考えられます。子どもに応じて、何をポイントとして絞り込むのか？　──大事な作業になります。最終的には、遠足当日の約束としてしっかり確認する必要があります。

⑤事後・発展学習──まずは、約束を守れたのかの振り返りが大切になります。もし、守れなかった約束があるならば、どうしたらよかったのか確認します。パワーポイント等を使用しての保護者向けプレゼン、壁新聞、報告書づくり、図鑑づくり、劇づくりや製作物への発展、(通常学級低学年向けの) クイズ大会……これも限りなく考えられます。行き先に応じて、子どもに応じて、様々な工夫をします。

⑥展開の工夫

○「徹底して」やろうとすれば、様々な学習が想定されます。極端な場合、「迷子になったら、独りで家まで帰れるの？」という問いを突き詰めるつもりで、「よく分からないこと」はみんなで力を合わせて調べたり、話し合ったりします。

○調べ学習も入りますので、パソコン室の活用は必須になります。合わせて、ワークシートの工夫や話し合いやシミュレーションの方法……等、それを考えるととても奥深く、それだけに子どもの学びも本物になります。

○学習指導要領は「実社会・実生活で生かすことのできる汎用性高い力」を大きな目標として掲げています。この校外学習を核にする学習はその最先端を行く取り組みになります。様々に工夫を凝らして、通常の教育を先導するような取組を展開してください。

5　子どもが楽しみにする学級定番の単元を決める！

　新任の先生にとって、1年目は慣れるだけで精いっぱいだろうと思います。あれもこれもと思わずに、本書が提案する活動に、何か一つでもチャレンジできれば十分です。では、2、3年と慣れてきたら、毎年・毎学期に全く目新しい単元に取り組まなければならないのか……？　と言えばそのようなことはありません。むしろ、「学級の定番単元・鉄板ネタ」が1年間に2つか

3つある方がいいのです。そのメリットを以下に整理しました。

> ○子どもは定番単元に、毎年取り組むことになる。子どもの経験知が蓄積されることで「自立的で・主体的な学び」になる。
> ○すでに経験している活動であるため、子どもなりにイメージしやすい。当然、話し合い活動も活発になり、子どもたちなりの発案で単元そのものがバージョンアップされやすい。
> ○先輩が後輩に教えることで学び合いが活発になり、生きる力として定着しやすい。
> ○教師自身も準備しやすく、前年度の反省に基づく改善・発展をしやすい。

 もちろん、同じ単元だからといって、子どもに期待する目標が毎年同じということはありません。1年目よりは2年目、2年目よりは3年目と、一人一人に応じた高まり・広がり・深まりを期待できます。ですから、個別の目標・活動内容を検討しやすくなるのです。支援学級ならではの「定番単元・鉄板ネタ」を創造してください。

6　大事なまとめ

(1) 自立活動は奥深い

 様々な活動を紹介してきましたが、加えて、いくつかの例を紹介します。発想とアレンジが勝負です。
①調理を中心とする単元——PTAバザー等を大きな目当てにして、地域のお店に負けない上質のクッキーなどを調理・販売するのもいいでしょう。ラッピングまでを含む作る過程にも教科等の様々な学びがありますが、バザー当日、お客さんに販売するという真剣で・本気の対人コミュニケーションに関する「自立活動」の機会になります。
②働く活動を中心とする単元——例えば、花壇を作ったり、校内案内表示板

を作ったりするなど、全校の友達や教職員、保護者からも喜ばれる役に立つ活動を展開するのも、とても大きな意味があります。なぜならば、何かを「してもらう」機会の方が圧倒的に多い子どもたちですから、誰かに「してあげる」「役に立つ」という活動自体が貴重な機会になるのです。

これらは「自立活動」の大目標である「自立」に向け「主体的に」取り組む活動に他なりません。そして、子どもたち一人一人の自立活動の目標さえはっきりしていれば、無限の発想が可能です。自立活動はおもしろく奥深いのです。様々なチャレンジをしましょう。

(2) 個別の目標設定を

本書で紹介してきた活動のコンセプトは「自分から力を使いたくなる楽しさとやりがい」です。加えて、「友達と一緒にやると楽しい」「友達と一緒でなければできない」活動です。「友達と一緒」が必然化された楽しくやりがいのある活動を通して、"意思疎通及び対人関係の形成""社会生活への適応"への力を育むことを目的にしています。

さて、読者の学級の子どもたちの様子を振り返ってみてください。Aさんなりの個別目標、Bさんなりの個別目標を考えてみましょう。仮に、ときとして集団の動きを乱してしまうマイペースなAさんだとするならば、「『行くよー』と声を掛けて、ボールを渡したり、キャタピラーを動かしたりする」は十分に意味ある個別目標になります。どのような活動であっても、必ず、達成可能な個別的な目標設定を検討してください。

さて、ここで大事な念押しをします。「声を掛け合うことができる」という目標だけを一人歩きさせてはいけません。おそらく、つまらない＝学習効果のあがらない「自立活動」になります。私たちの勝負は友達同士で「声を掛け合いたくなるような」楽しさ・やりがい・必然性のある部活動に匹敵するような「自立活動」の創造です！

IV 入門

感情のセルフコントロール力を
育む授業づくり

Ⅳ 入門

　さて、様々な活動のアイデアを紹介してきましたが、「負けたとたんに暴れてしまうので、とても勝敗のあるゲームはできない……」という読者もいることでしょう。筆者にもそのような経験があります。「人とのかかわり」「人とのコミュニケーション」、否、様々な出来事が起きる「生活」というのは、常に、「感情のコントロール」によってバランスが保たれていることが分かります。

　支援学級に在籍する子どもたちは、仮に、「人とかかわる力」を技術として身に付けていても、「感情のコントロール」がうまくいかずに、その力を十分に発揮できない場合があります。結果として、「困った子だね〜」とネガティブな評価を受けてしまうことの多い子どもたちです。

　本章では、「感情のコントロール力」を育む授業づくりを検討したいと思います。

1　問題行動を理解する"氷山モデル"

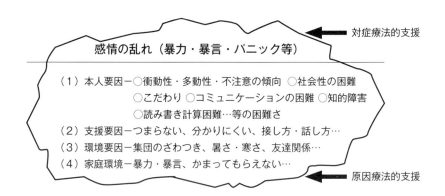

　図は『実践 通常学級ユニバーサルデザインⅠ―学級づくりのポイントと問題行動への対応』(東洋館出版社)から再掲しました。読者は頭痛を抱えたとき頭痛薬をまず服用するかもしれません。頭痛薬を服用しても治らないとしたら、病院に行くでしょう。万が一、脳血栓などが原因だとすれば、仮

に、強力な鎮痛剤で一時的にしのぐことはできても、根本的な解決には全くつながりません。むしろ、問題は悪化の一途をたどるでしょう。

さて、ここでの頭痛薬の服用は医学的には対症療法です。一方で、頭痛の原因である脳血栓の除去は原因療法です。このような図式で問題行動を理解する枠組みを考えてみます。筆者はこれを『問題行動を理解する氷山モデル』と名付けています。

目で見て確認できる部分＝水面上に見える氷山部分が問題行動とします。しかし、その水面下にはさらに大きな原因が潜んでいるという考え方です。図にあるとおり、目に見える問題行動を暴力、暴言、パニック等の感情の乱れとします。しかし、水面下の見えない部分には様々な原因が想定されます。

筆者は、この氷山モデルを解説する際に、「つまらない話を聞く講演会」を例に挙げます。そのような講演会では眠る人は続出します。眠気＝問題行動と置き換えます。その眠気＝問題行動を吹き飛ばす一番の手立ては何かと言えば、「話をおもしろくする」——これに尽きるでしょう。

問題行動の本質的な改善は原因療法的支援にあります。しかし、(1)の本人要因の改善は医療でも容易ではありません。私たち教師の本分は(2)支援要因、(3)環境要因の改善です。すなわち、「その活動は本当に楽しいのか・やりがいがあるのか？　支援は尽くされているのか？」にあるのです。

> 問題を起こす必要のないほど、問題を起こす気さえしないような「楽しく・やりがいある」活動の用意とそれを支える適切な支援がなされているかどうか？　——問題行動への対応はこれに尽きる。

少なくとも、「子どもの障害に原因を求めない」「子どものせいにしない」——この覚悟は実践者として常に心に留めておきたいと思うのです。

その上で、過渡的には、おそらく様々なトラブルは起きます。それに対して、直接的にどう対応していくのか、それを本章では検討したいと思います。

Ⅳ 入門

2 問題行動の分析・支援シートの活用

　まず、次に示すシートに、ここで「検討したい行動」を一つ記入してみてください。一つと書いたのは、いくつもの問題行動に並行して対応しようとすると、私たち教師の方がすり減ってしまうことがあるからです。

　また、子どもも「悪いところばかり見られている……」というような思いを抱きかねません。ですから、まずは、子ども本人とも確認し、一つに絞り

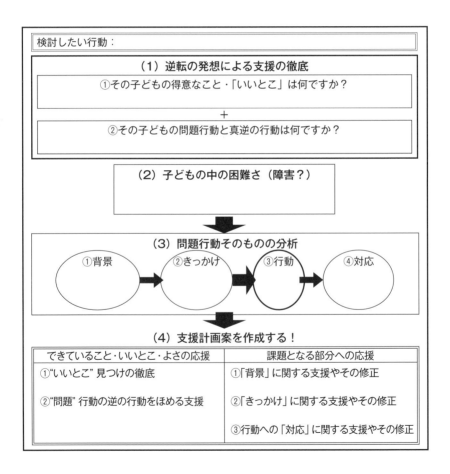

ましょう。その方が、子どもも意識しやすいはずです。そして、実は、一つ解決することで相乗効果が起きて、全体的に改善の方向に向かうことは十分に考えられます。

本書ではゲームをたくさん取り上げていますので、まずは例えば、「検討したい行動」の欄に「ゲームで負けそうになると友達を叩く」というような行動を記入してください。

では、図に沿って、その子どもの問題行動を分析してみましょう

(1) 逆転の発想による支援の徹底

①②については、これまでに触れてきたとおりです。「楽しく・やりがいある活動」を考え尽くして用意してください。

合わせて、学級内だけでなく、全校に目を向けて頂き、その子どもが確実にできる活動、手伝い活動にも思い巡らせてみてください……。できれば、毎日、決まった時間(係活動の時間等)にできるものがいいでしょう。校長室・事務室・職員室・保健室・印刷室のゴミ捨て……考えられる活動を切り出すつもりで徹底します。できれば、そこに教職員がいて「ありがとう」と言ってもらえる活動がいいと思います。「いつも見てくれている」と子どもが感じる場面を一つでも増やします。

逆転の発想を学校生活全体の中で、全教職員の協力の下で徹底していく必要があります。

> "問題を減らそうとしたら、問題を起こしていない姿をつくりだして・ほめて増やす"

(2) 子どもの中の困難さ(障害?)とその支援

不注意傾向や衝動性が強い、相手の立場に立つことが苦手……いわゆるADHDや自閉症を疑われるような困難さそのものを記入してみてください。しかし、本書で提案するような活動を用意してもなお、学校教育だけで対応できる部分は限られます。医療機関との連携で服薬によって劇的に改善する

ことがあります。

　校内委員会で十分に検討したり、地域の巡回相談担当や特別支援学校コーディネーターに支援要請したり、担任独りで抱えることなく医療を含む他の専門機関との連携も含めて支援の充実を図ります。

(3) 問題行動そのものの分析

①背景──5W1Hでどんなときに多いのかを考えてみてください。どの時間帯に多いのか、どの場所で多いのか、どの教科・活動で多いのか、どの友達・教師と一緒にいると多いのか、暑い日に多い、寒い日に多い、ざわつきが苦手、大集団が苦手、寝不足、登校前に家で叱られた、朝食を食べていない……等、それが問題行動の直接の原因とは言えないまでも、イライラモヤモヤした気持ちになるような「背景要因」を考えて、記入してみてください。

　この時点で「問題行動の背景になっているかもしれない」と思い当たる要因があるならば（暑さ・寒さ等の変えようのない要因もありますが）その「背景要因」をできるだけ少なくする努力をします。

②きっかけ

ア、「行動には必ず理由がある」「理由のない行動はない」

　必ず、そのきっかけ・引き金があります。そして、そこまではっきりしないまでも「予兆」があります。冒頭の例で言えば、負けた瞬間や負けそうになったときがそれです。このきっかけをしっかりと把握する必要があります。ですから、後掲する問答様式のアンケートも含めて、本人に聞くという姿勢はとても大切です。本人がその瞬間に至る前の感覚を自覚していること、その自覚を促すことは感情をコントロールする上でとても大切です。そのときに、どんな手立てが考えられるのか（これは後節で）検討します。

イ、避けたい頭ごなしの注意

　一番避けたいのは、パニックや何らかの問題行動を起こしそうなとき、あるいは、とっさに何かの注意をするときに、「ダメ！」「違うよ！」等の頭ごなしの注意・叱責をついしてしまうことです。子どもたちの中には、気持ちの切り替えがとても苦手で、いきなり頭ごなしに注意されると瞬間的に混乱

し"キレてしまう"状態になることがあります。

　注意したいときには、「佐藤くん」とさりげなく名前を呼んでください。子どもが自分で気づいて「これはまずい……」と行動修正する力を少しずつ育む方が近道になります。

> 名前を呼んで気づかせる！自分で気づいて感情・行動をコントロールする！

ウ、教師から学ぶ周りの子どもたち

　周りの友達は「先生は佐藤くんをどのように注意するのだろう」と固唾をのんで見ています。もし、教師が「ダメだろ！」「違うっていつも言われてるよね！」というような注意をすれば、周りの友達はその注意の仕方を学ぶことになります。教師の「ある子どもへの見方・支援の仕方」は周りの子どもたちに大きな影響を与えます。

　教師の目の行き届かない清掃の時間等にトラブルが多いとしたら、周りの友達は全く悪気なく「それダメだよ」「違うって言われてるよ」と注意しているかもしれません。仮に、教師が「ダメ」と言って止めることができても、友達ではそうはいかないかもしれません。子どもたちは教師を手本にします。十分に留意する必要があります。

③行動――ここは本節の冒頭で確認したとおりです。あわせて、「一日○回」「週に2、3回程度」等、その行動の頻度も記入します。問題行動の重さ（たとえば、友達への暴力等）にもよりますが、仮に、週1回程度の頻度だとすれば、問題行動にこだわるよりも、逆転の発想を徹底する方が近道の場合もあります。

④対応――問題行動が起きた後に、どのような対応をしていたのか、どのような状況になっていたのか、十分に精査する必要があります。

> 　問題行動を起こした後の「対応」が、その問題をさらに強めてしまうこ

Ⅳ 入門

> とがある。

　分かりやすい例で言えば、教室を飛び出す子どもを大げさに追いかければ、その子どもは「教室を飛び出すと先生が追いかけてくれる」と考え、また、飛び出し行動をするかもしれません。

　その問題行動の後に、これまでどのような対応をしていたか、あるいは、周りの友達の反応はどうだったのかよく振り返ってみてください。それらの対応や状態そのものが問題行動が繰り返される大きな要因になっていることがあります。友達の反応そのものはコントロールが難しい面がありますが、教師の対応は「冷静に淡々と」対応することを原則にします。少し落ち着いた頃を見計らって、以下のように対応します。

> 「～します」「～しようね」と肯定表現で、「具体的な行動」を指示する。

(4) 支援計画案を作成する

　(1)～(3)に触れてきたとおりです。日常の教育活動の充実を図りながら、(1)～(3)に配慮してみてください。少しずつですが、確実に状況はよくなっていくはずです。

3　感情のセルフコントロールを考える授業

　本節では、新任の先生方でも取り組みやすい感情のセルフコントロール支援の簡易な授業づくりを考えたいと思います。「簡易な授業」とは書きましたが、経験的にも大変効果的な指導方法です。時間割が許せば、授業づくり編で取り上げた授業と並行して展開してください。通常学級でも十分に展開できますので、出前授業としても、交流及び共同学習の授業としても、ぜひ、チャレンジしてみてください。また、教師と一対一でも十分に展開可能です。

　「自立活動」の区分では、「健康の保持」(自己理解部分)と「心理的な安定」を中心に、「コミュニケーション」「人間関係の形成」に関わる内容にな

ります。

☆「どんとこいイライラ虫」
〈考え方〉
「イライラ虫」とは子どもによるネーミングです。自分の身体の中にイライラ虫がいて、時として、その虫が動き出すと爆発してしまいパニックになってしまう自分がいる……とのことです。

子どもの心に落ちやすい授業・単元のネーミングの検討も大切ですので、アレンジして活用して下さい。

> 怒りの感情をコントロールする一つの大きなポイントは、爆発しそうな自分の心と身体の感覚の変化、怒りそうな自分の感情に気づき、その感情を何らかの方法で和らげたり、発散したり、飲み込んだりすることができるかどうかにある。

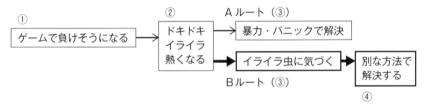

上図を確認しながら考えます。私たち大人も、時として、感情的になり、子どもを怒鳴ってしまうことがあります。それは、図のAルートになります。しかし、冷静に考えてみれば、必ず、①や②の段階があります。つまり、Aルートに突入する前段階の伏線です。先の「問題行動の分析・支援シート」で言えば、背景やきっかけにあたる部分です。

怒りの感情をセルフコントロールするためには、①②の伏線を自覚し、Aルートへのブレーキをかけ、Bルートへとギアチェンジする必要があります。Bルート（③）で「怒り」を自覚・受け止め、④＝がまんや気持ちの切り

Ⅳ　入門

替えの方法を学び、別な方法で解決する必要があります。私たちも日常的に、イライラしたときには、深呼吸してみたり、立ち上がって席を外したり、外を眺めたり、飲み物・食べ物を口にしたり、別なことを考えてみたりして発散しているはずです。やけ食い・やけ酒は、それが行き過ぎてしまった象徴です。

　つまり、感情のセルフコントロールとは、とてもストレートなＡルートでイライラを解決するのではなく、Ｂルートで穏やかに解決できるようになることです。つまり、

大事なことは、「イライラしない！」ことではなく、「イライラ」を社会的に許される適切な方法で発散すること。

〈用意する物〉

①次頁のような三角形をした掲示物──緑色や黄色のラシャ紙を貼り合わせて作る。教室の黒板に貼れる大きさ。青や緑色は落ち着いて穏やかなイメージ、黄色は明らかにイライラしているイメージ、赤は爆発してしまったイメージ。

②表情カード７枚──アは「穏やかな顔」（＝２枚）、イは明らかに「イライラしている顔」、ウは「爆発した顔」、エは「困っている顔・不安な顔」（＝２～３枚）、オは「我慢している顔」。

③三角形の掲示物も表情カードも裏面に板マグネットを貼り、黒板に張り付くようにしておく。

④ガマン応援グッズ──「魔法の数字１．２．３」「魔法の深呼吸イチ、ニー、フー」「魔法の呪文ジャマイカ、ジャマイカ、じゃーまーいいか！」等のＡ４判程度の貼り物（黒板に貼れるように裏面にマグネット）。

感情のセルフコントロール力を育む授業づくり

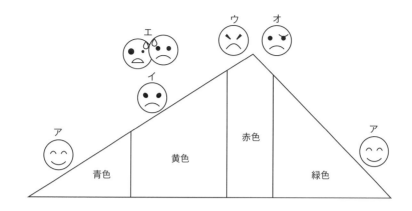

〈授業の進め方〉
①三角の掲示物を前に、掲示物や表情カードの意味を説明する。

青色──とても気持ちがいい、うれしい、楽しい気持ち

黄色──ちょっとイライラしたり不安になったりして爆発寸前の気持ち

赤色──「ドッカン」と爆発して暴れているときの気持ち

緑色──我慢できたかっこいい気持ち

②ゲームをするときの気持ちの変化を確認する。

○「友達とゲームをしたり、遊んだりしているときはどんな気持ちかな〜」等と投げかけながら、意見を出し合い、図の青色の上にアの「穏やかな顔」カードを貼り付ける。

○「でも、ゲームに負けそうになること、イヤなこともあるよね」等と投げかけ、「そんなときは、どんな気持ちかな〜」と意見を出し合う。

○「どんな感じになるの?」とイライラの自覚を促す。例えば、「ドキドキする」「手に汗をかく」「胸が熱くなる」「頭が真っ白になってくる」……等の意見が出てくる。できれば、板書する。(＊以下、「板書」とある部分は、1〜3人の子どもとの小グループであるならば、A4、3判程度の紙に書き出しても構わない)この自覚をきっかけにして気持ちを切り替えることになるため、ここでは「イライラになりかかる感覚」を丁寧に確認し合う。

Ⅳ 入門

○「そうだね、誰でも、イライラするよね」と確認しながら、イの「イライラ顔」を黄色の上に貼る。

③爆発寸前の気持ちを確認する。

○「イライラがどんどんたまるとどうなるだろう？」と投げかけ、「爆発するときもある」等の意見を確認しながら、ウの「爆発した顔」を赤色の上に貼る。

○「でも、ちょっと待って！」と言いながら、「そのとき、周りの友達はどう思ってる？」と周りの友達の気持ちに気づかせる＝見える化する。「困っている」「イヤ」「不安」…子どもの意見を聞きながら、エの「困っている・不安な顔」カードを貼り、「そうだね…周りの友達はとっても困って・不安になっているかもしれない…」と確認する。ポイントの一つは以下です。

> パニック等を起こしてしまう子どもは「自分がどう見られているか？」に気づいていないことが多い。そのときの「周りの友達の気持ち」についても確認し、少しずつ自分を客観視できるようにする。

④爆発しないための方法を考える。

○「爆発する前に何かできないかな？」と子どもたちに投げかける。「ガマンする」等の意見が出てくる。そして、ウの「爆発した顔」の隣に、エ「我慢している顔」を貼る。

○「ガマンできるとかっこいいけど、ガマンする方法って、どんなことがあるの？」と子どもたちに投げかける。できれば、教師自身のエピソード、ガマンの仕方・発散の仕方も伝える。出た意見を板書する。

○最終的には、「魔法の数字」等のガマン応援グッズも貼りながら子どもたちの意見をまとめる（＊これらは先に紹介した「みんなハッピーカルタ」に加えていく）。

⑤「ガマンできるとかっこいい」「いい顔になれるね」と言いながら、緑色

の上にアの穏やかな顔を貼る。
⑥「魔法の数字 1. 2. 3. フーッ」等を全員で復唱して、「今度、『イライラ虫』が来たら、心の中で『魔法の数字』を唱える」ことを確認する。

以後、ゲーム等をする前に、折に触れて『魔法の呪文』等を確認し合います。ゲームをやっていて負けそうになったら、教師も友達も全員が『魔法の呪文』を使うようにします。
　なお、本授業は通常学級の低・中学年での出前授業としても成立します。そのため、支援学級でこの授業を予習的に実施し、交流及び共同学習の時間に出前授業として実施して定着を図ることもできます。

☆「優しい言葉たくさん──温かな言葉を学ぶ」
〈考え方〉
「優しい言葉たくさん」──これも子どもによるネーミングです。暴言が激しい子どもで、「ウザイ」「キモイ」「消えろ」……イヤなことがあると友達にも教師にも容赦なく投げつけるように言っていました。
　私たち教師は、暴言を目の当たりにすると、その暴言に注目して暴言を減らそうとします。もちろん、暴言への対応も必要でしょう。しかし、それだけでは根本的な解決はできません。
　暴言を言う子どもたちは育ちの過程の中で、温かな言葉を言ってもらう心地よさ・温かな言葉を使う心地よさを感じとる経験そのものが決定的に少なかったと解釈する必要があります。

> 暴言を減らそうしたら、温かな言葉を増やすという逆転の発想が必要である。

　温かな言葉を日頃から使うから、あるいは、それを言ってもらえる心地よさを感じ取るからこそ、いつの間にか、暴言を使う必要のない生活になって

Ⅳ 入門

いくのです。その意味では、教師が率先して温かな言葉を使う必要があります。

　暴言を使う必要性がない充実の学級生活と授業、温かな言葉を使いたくなる毎日にする──繰り返しますが、「楽しく・やりがいある授業」の創造に尽きるのです。

〈用意するもの〉
○図のように両面印刷されたB5判かA4判程度のプリントを1人1枚分。
〈授業の進め方〉

①聞きたくない「いやなことば」を思い出せるだけ紙に書くように指示する。
②隣の席の子どもとプリントを交換する。
③（例えば）廊下側の子どもが起立する。そのプリントに書かれた言葉を隣の友達に上から目線で言うように指示する。つまり、言われる側の子どもが書いた「いやなことば」を言われる状況をつくる。
④同様に、窓側の子どもが起立して、隣の友達が書いた「いやなことば」を上から目線で言う。
⑤どんな気持ちになったか全体で感想を述べ合う。「いやな気持ちになった」ことを全体で確認する。
⑥プリントを戻して、その裏面に、聞きたい「やさしいことば」を思い出せるだけ書く。
⑦③④と同様に、お互いに「やさしいことば」を言う。その後、感想を述べ合い、⑤のときとの違いを考え共有する。「やさしいことば」が多い方が気持ちいいことを確認する。
⑧担任のまとめ─「やさしいことば」「いやなことば」をA3判ぐらいの紙にいくつか書き出して、節々で、黒板に掲示し、学級で確認し合う。

〈解説〉
○自分が書いた「いやなことば」「やさしいことば」を友達から言われることになるため、心に刺さったり、響いたりしてとても効果がある。
○少人数学級、あるいは、個別対応でも教師が相手役になって取り組みが可能。
○通常学級でも取り組める内容。支援学級で事前に取り組んだ後に、交流学級でも実施することでより効果が期待できる。先に触れたように、暴言は環境要因の問題である。通常学級を居心地のよい環境にすることはとても大切なことになる。

〈発展〉
○「帰りの会」で友達が言ってくれた「やさしいことば」を発表し合ったり、それらを「学級通信」で毎回取り上げたりすることで、家庭への浸透も含めて定着を図っていく。
○先に触れた「みんなハッピーカルタ」とも単元相互の関連を図り、学習成果の定着を図る。

☆「くやしいんだよボックス＆くやしいんだよシート」
〈考え方〉
　「一番になれないとパニックを起こす……」「負けそうになると友達を叩く……、ゲームをやめる……、カード類をグチャグチャにしてまう……」……読者のみなさんもそのような子どもの姿に驚いた経験があるだろうと思います。筆者も若い頃、ゲームを始める前の順番を決めるジャンケンで負けた子どもがいきなりパニックを起こす姿に大変戸惑った経験があります。
　しかし、ここはやはり逆転の発想！

「一番になりたい強い気持ちをもっている子ども」とポジティブに受け止める。

Ⅳ　入門

　ゲームや競争を始める前から、「負けたい」と願う読者はいないでしょう。「勝ちたい」という強い思いは子どもの純粋な気持ちです。「頑張って勝った」「頑張ったけど負けた……」──この繰り返しの中で、人間が強くなっていくことを私たちも幼い頃から体感してきました。頑張った後の勝ち負けは成長の大きな糧にもなります。

　ですが、友達への暴力やパニックはケガや事故の原因にもなりますので、何らかの対応が求められます。本節でも、いくつかの提案をしてきましたが、おそらく、これが授業準備も最も簡単で、しかも効果があり、子どもも取り組みやすい実践になります。ポイントは、一言で言ってしまえば、"暴力やパニックの代わりに、大声で叫ぶ"という対応法を身に付けることです。

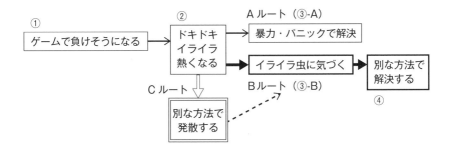

　先の図で説明すれば、Cルートになります。Bルートは、いわば、"我慢の仕方"を教えることになるのですが、Cルートは"発散の仕方を変える"というストレートな方法です。

社会的により許される適切な発散方法を学ぶ。

〈用意するもの〉
○大人の頭がすっぽりと入る大きさの段ボール箱を用意する。
○子どもや教師の頭が図の口の部分に入るように段ボール箱をくり抜く。
○悔しそうに泣いている目を描く。流行のキャラクターが悔し泣きする様子

でもよい。

〈使い方〉

① ゲームの前に、「負けて暴れたくなったら、暴れる代わりに、この口の中に顔を入れて『悔しい〜〜！』と大声で叫ぶ」ように伝え、ゲームコーナーから少し離れた場所にボックスを置く。

② 実際に、教師が大声で叫ぶお手本を本気で示す。

③ 暴れてしまうことの多い子どもだけでなく、「誰でも使いたくなったら使っても構わない」ことも伝える。できれば、1人ずつ頭を入れて叫んでみる。

④ ゲーム中にも、教師が負けそうになったら、率先して本気で使うことがポイント！

〈解説〉

　一見すると、「なんだそれは？！」という他愛のないグッズではあります。しかし、かなりの効果を期待していいと思います。おそらく、子ども目線では、とても「おもしろい」のだと思います。我慢するのではなく、「発散していい！」と言われる点においても、取り組みやすいのかもしれません。ぜひ、活用することをお勧めします。幼稚園・保育所でも、通常学級でも使えます。

☆「くやしいんだよシート」

〈考え方〉

　「くやしいんだよボックス」と同様、パニック等の不適切な行動の代わりになる、より適切な行動で発散する考え方です。本節の冒頭でも触れたとおり、私たち大人も様々なより適切な方法・行動で、イライラを紛らわしています。

　「くやしいんだよシート」は「くやしいんだよボックス」をある程度使え

Ⅳ　入門

るようになった段階で、子どもに提案します。
〈用意するもの〉

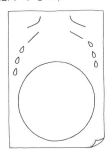

○ A4判の紙に、子どもの好きなキャラクターが悔し泣きをしてるイラストを描く。
○口の部分は文字を書き込めるように大きめに描く。

〈使い方〉
①ゲームの前に、「負けて暴れたくなったら、暴れる代わりにこの紙に悔しい気持ちを書いてください」とゲームコーナーから少し離れた場所に置く。
②実際に、教師がシートの吹き出しに「くやしーい！！」等と言葉を殴り書きするお手本を本気で示す。
③暴れてしまうことの多い子どもだけでなく、「誰でも使いたくなったら使っても構わない」ことをも伝える。もちろん、教師も率先して本気で使う。
④当初、「くやしいんだよボックス」も併用して、好きな方を使って構わないという設定でもよい。

〈解説〉
　「くやしいんだよボックス」よりも、「くやしいんだよシート」の方がより適切な行動で発散できることになります。「くやしいんだよシート」を使えるようになる頃には、悔しさをほぼセルフコントロールできるようになります。教室の隅の方に「くやしいんだよボックス」「くやしいんだよシート」を置いて、日常的なシーンで活用できる状況を整えてみてください。

☆「ゲームの達人になろう！」
〈考え方〉
　自閉症当事者の有名なたとえに「書き言葉が第一言語で、話し言葉は第二言語」があります。何らかの形で「見える化」してほしいという求めです。ここでは、暴れてしまう自分の感情や気持ちを文章題形式のシートの中で整理していく方法を提案します。

> 事後対応ではなく、事前対応を重視する。

> 100回言って聞かせるよりも、一手間かけて『見える化』する。

〈用意するもの〉
①好きなキャラクター等との約束——選択肢のある文章題形式——
　その子どもが大好きなキャラクターは授業でも積極的に活用します。下記の約束の仕方はそのキャラクターと問答する形で、自分の行動を振り返り、調整することを目的としています。選択肢を用意することで、『自分の気持ちを見える化』し、感情のセルフコントロールを願っているのです。
　なお、以下はあくまでも一例です。子どもに応じてアレンジしてください。

> ○○の「きみならどうする？　パートⅠ」
> *○○部分にはその子どもの好きなキャラクター。以下の文章表現もそのキャラクターや子どもの学年にあわせて変える。
>
> 1　ゲームにかったとき、きみならどうする？　よくかんがえて、○をつけたまえ。
> 　（　）きみならくやしい
> 　（　）きみならよろこぶ

Ⅳ 入門

　　（　）よくわからない
2　ゲームにかったとき、きみならどうする？　よくかんがえて、○をつけたまえ。
　　（　）まけたともだちをバカにする。
　　（　）まけたともだちをはげます。
　　（　）よくわからない
3　ゲームにまけたとき、きみならどうする？　よくかんがえて、○をつけたまえ。
　　（　）きみならくやしい
　　（　）きみならよろこぶ
　　（　）よくわからない
4　ゲームにまけたとき、きみならどうする？　よくかんがえて、○をつけたまえ。
　　（　）くやしいからあばれたり、おこったりする。
　　（　）くやしいけど、がまんしてつぎに、がんばる。
　　（　）よくわからない

○○の「きみならどうする？パートⅡ」
1　ゲームをやるとき、きみならどうする？　よくかんがえて、○をつけたまえ。
　　（　）じぶんだけたのしければいいのだ
　　（　）みんながたのしいことがいいのだ
　　（　）よくわからない
2　ゲームにまけたとき、きみならどうする？　よくかんがえて、○をつけたまえ。
　　（　）くやしいからあばれたり、おこったりする。
　　（　）くやしいけど、あばれない。つぎに、がんばる。

（　）よくわからない
3　あばれたり、大きなこえをだしたくなるときもあるはずだ。わしならわかる……。
　　そんなとき、きみならどうする？　よくかんがえて、いいとおもうことに○をつけたまえ。○はいくつあってもいいぞ。
　　（　）てをあげて、せんせいにそうだんする。
　　（　）くやしいことをノートにかく。
　　（　）くやしいことをゴクリとのみこんでスッキリする。
　　（　）くやしいからやっぱりあばれる。（　）よくわからない
4　どうしてもあばれたくなったら、あばれるまえにこのへやにもどってきて、「○○のくやしいんだよシート」になんでもかきたまえ！このやくそくができたら、ゲームにいくんだ。きみならどうする？よくかんがえて、○をつけたまえ。
　　（　）わしとやくそくしてこれからゲームをやる！
　　（　）わしとはやくそくできない。このへやでべんきょうする。
　　（　）よくわからないけど、ゲームをやりたい。

②文章化したプリント（文章化法）

　下記のような簡単な約束事を書いたプリントを用意します。好きなキャラクターとの約束をするような形からスタートしてみます。文末は「〜しない」の否定語ではなく、「〜する」と肯定表現で終えるようにします。一度でうまくいくことは少ないため、このプリントは、時々の子どもの様子に応じて、少しずつ修正を加えていくようにします。

　なお、下記の文章にも示していますが、負けてパニック等を起こしてしまう子どもの中には、自分が勝ったときに、「負けた友達の存在やその気持ち」に全く気づいていない子どもがいます。つまり、勝ちがあれば負けもあることに気づく必要があるのです。その意味では、その子どもが「勝ったときの指導」がとても大切です。負けた友達に「ドンマイ！　次は頑張ろう！」と

Ⅳ 入門

応援するルールにします。

〈ゲームのたつじん〉

ゲームやしあいでは、かったり、まけたりすることがあるよね。かったときは、とてもうれしい。でも、まけたときは、とてもくやしい。もうにどと、やりたくないとおもうときもある。けど、ゲームやしあいは、かったり、まけたりするから、ドキドキしてたのしい。

そして、かったとき、まけたともだちに「がんばったね！　ドンマイ！」っていえたらすごいな！　まけてしまったときでも、「つぎは、がんばるぞ！」とおもえたらかっこいいな！　そして、一ばんかっこいいのはね、ゲームやしあいをするときは、さいごまでみんなとなかよくやることなんだよね！　かっても、まけても、さいごまでやって、「またやろうね！」といえたら、さいこうだよ！　それが「ゲームのたつじん」なんだよ！

〈使い方〉

① ゲームをする前に、「ゲームの達人になる約束をします」と言って、「○○のきみならどうする？　パートⅠ」を示し、子どもに記入を求める。

②「（　）よくわからない」に仮に記入する場合でも、「○○が見てるから、負けたときでも暴れない方がかっこいいと思うよ」と期待をかけてゲームを開始する。

③ おそらく、これ一度きりではうまくいかないことも多い。次の回では、「文章化されたプリント」を一緒に読んで確認する。その上で、再度、「○○のきみならどうする？　パートⅠ」を示し、子どもに記入を求める。

④ ここでさらに、「（　）よくわからない」に仮に記入する場合でも、ゲームは開始する。

⑤ 次の回以降、先に例示した「くやしんだよボックス」を提案して、何回かトライしてみる。

⑥各回の様子を見ながら、「○○のきみならどうする？　パートⅡ」を示して、記入を求める。
⑦並行して、「どんとこいイライラ虫」「みんなハッピーカルタ」の活用も検討し、自分自身をモニターしながら進めることができるようにする。

〈解説〉
　選択肢のある文章題形式の質問や文章化法によって、自分の気持ちが見える化されます。そのため、話し言葉で言われても気づかないことに気づく可能性を高めます。大変活用性が高く、様々な場面で使えます。また、「（　）よくわからない」という回答項目はとても重要です。「暴れるということ以外の解決方法に本人が気づいていない」、「暴れたくないと思っていても暴れてしまう……そんな自分が『わからない』」、「暴れたくないと思っていても、暴れてしまうかもしれないから、どうなるか『わからない』」……等、本人の気持ちが表れてきます。
　ここにチェックを入れた場合には、文章化法や「くやしんだよボックス」や「どんとこいイライラ虫」を併用して、丁寧に進めます。あわせて、「（　）よくわからない」という気持ちを『見える化』できるように、その部分に焦点化した次のような選択肢のある文章題形式のプリントも用意します。

あばれてしまうときのきもちを考えて、○をつけたまえ。いつくでもいいぞ！
（　）あばれるのはかっこいいとおもう。
（　）あばれることははずかしいとおもう。
（　）あばれたくないとおもっていても、いつのまにかあばれている。
（　）あばれないやりかたがわからない。
（　）よくわからない。

4 パニック等があったときの支援・10ヶ条

　「楽しく・やりがいある授業」に力を尽くし、これまで触れてきたような手立てを講じても、目に見えた効果があらわれず、問題行動が繰り返されることがあります。仮に、長期的にはこれまでの授業の効果があるとしても、——過渡的には——問題行動が起きた後に、何らかの対応を迫られることになります。ここでは、激しいパニック等の行動上の問題が起きた後の対応の原則を検討したいと思います。

　これも基本的には、子ども（の行動）に応じてということになりますが、いくつか確認できる原則はありそうです。以下、10カ条として整理してみました。『実践　通常学級ユニバーサルデザインⅠ——学級づくりのポイントと問題行動への対応』（東洋館出版社）に掲載された内容を一部修正し、まとめ直しました。

その1：慌てず・静かに・淡々と

---

①教師が落ち着く——ここで大げさに対応すると教師の気を引くための注目行動として強化する可能性が高まる。
②教師が慌てると子どもが不安になる。教師の落ち着いた行動は「何があっても先生は守ってくれる！」というメッセージになる。「冷静に・淡々と」が大事！

その2：頭ごなしに・叱らない

---

①「ダメ！」「ちがう！」という禁止語を避ける。気持ちの切り替えがとても苦手な子どもがいる。頭ごなしの禁止語・否定語はNGで！
②「ダメ！」「ちがう！」という止め方を続けると周りの子どもたちがマネを始めることがある。つまり、友達を注意するときに、悪気なく「ダメ！」

「ちがう！」と言ってしまうことで、パニックの引き金になってしまうことがある。
③ "短く・厳しく・名前を呼んで気づかせる。「ふと我に返る」ような感覚が大事。

その3：具体的な指示と目力
---

① "余計な言葉を使わない"。教師の威圧や怒りではなく、落ち着いた目力で！
②「『フーッ』としよう！」「椅子に座ろう」などと具体的に伝える。子どもによっては、教師が握手を促す、あるいは、ハンカチを差し出してそれを持つように促す等、端的で分かりやすい行動を例示する。いずれにしても、言葉よりも指さしや表情や視線を大切に具体的な指示をする方がより悪くない対応となる。

その4：危険を避けて・安全に
---

①周りの子どもの安全確保――机や椅子を静かに避ける。周りの子どもには「○○の側で座ってなさい」と具体的に指示。
②ポイントは、周りの子どもへの危険と周りの子どもが騒いだ様子が注目要因になることを避けること。

その5：短く・ゆっくり・具体的に・肯定表現で
---

①状況をみながら　②子どもに視線を合わせ　③静かに　④短く　⑤ゆっくり　⑥はっきり　⑦毅然と
たとえば、まずは、「『フーッ』としようか」と語る。「〜しないよ」という否定語ではなく、「椅子に座ろう」等の具体的で分かりやすい肯定表現

の指示をする。

> その6：遠慮しないで・応援要請

①職員室の教師、隣のクラスの教師を呼んでくるように子どもに頼む。
②パニックを起こした子どもと周りの子どもを複数の教師で分担する。
　＊フロアー会議方式――パニックになって、同じフロアーに声が響き渡るケースがある。その場合、同じフロアーの教師団で役割分担を事前に確認する等の対応を検討する。

> その7：静かな場所が・あるならば

①周りに何もないような（＝刺激の少ない）部屋がある場合は、その部屋を活用。
②パニックを起こした後、移動が可能になったら、その部屋で落ち着くまで過ごす。
③子どもによっては、図のような「言いたい放題シート」（例）のようなものを用意し、思いや言い分を自由に書いてもらう。書きながら気持ちを整理することができる。これらのシートを次の「その8」振り返りで活用する。
④図のようなシートをその子どもが使えそうならば、「今度、イライラ虫が来たら、お友達をたたくんじゃなくて、この部屋に来て、この紙に思ったことを書いてごらん」と提案することも可能。つまり、たたいたり、暴れたりする代わりに書くことで発散する方法を子どもに伝えることになる。

1．何があったの？
2．～さんは何を言ったの・やったの？
3．自分は何を言ったの・やったの？
4．どうすればよかったと思う？

> その8：一緒に・事実の・振り返り

その7で記入したシートがあるならば、それを基にして進める。シートがない場合も同様。
①事実確認──「何があったのか？」まずは、「WHAT ?」で聞く。「どうしたんだ？」とつい聞いてしまうが、前後の状況や原因などの全てを含む問いかけになる。これは意外に考えづらい質問になる。そこで、「何があった？」と端的に事実を確認したい。
②要因確認──その上で、きっかけになった原因を確認する。
③代替案確認──では、どうすればパニックを避けることができたのか？一緒に考える。ここで、「もうしないよ！」などの安易な約束は避ける。また、パニックは起きるだろうと考える。お互いの逃げ道も必要。
④「リハーサル法・現場検証法」──かつては、（カセットテープの）「巻き戻し法」と名付けていた。現在の子どもたちには（ゲームで使用する言葉の）「リセット法」になるだろう。（＊「リセット」のように振り返りで使える子どもの心に落ちやすい言葉を見つけることも大切。）どの子どもにも必ず言い分がある。それをまず確認する。落ち着いた後に、「リセットして考えてみよう！」「スローモーションでもう一度やってみて考えよう！」等、実際の場面をその現場で再現する方法が有効なことがある。パニック等を起こした子どもだけでなく、周りの子どもにも何らかの要因があることが多い。それへの対応も含めて、「一時停止して考え直してみよう！ここでは、このように言ってみたら！」等と具体的な振り返りをしながら、パニックや暴力の代わりになる適切な行動を確認し合う。

> その9：関係者にも・事情を聞いて

①きっかけになった子ども・たたかれるなどされた子どもがいる場合、その

Ⅳ 入門

子どもにも事情を聞く。
②客観的に見ていた子どもにも事情を聞く。周りの子どもたちの中に、その子どもにわざとちょっかいを出して、パニックをけしかけている場合がある。

> その10：当事者同士で・仲直り

①（お互いに）あやまる。
②その8で確認した代替案を踏まえて、正しいやり方を簡単にロールプレイして再確認する。「本当はこのようにやろうと思ってたんだよね！」とうまくいかなかった気持ちを受け止めて終了する。
③中には、最後まで謝ろうとしない子どももいる。その場合は、前記の7や8で確認した内容で、教師が手本を示すつもりで「本当は〜さんも謝りたいけど、ちょっと恥ずかしいみたいだから先生が代わりに謝るね」と相手の子どもに丁寧に謝る。問題行動を起こした子どもの代わりに相手の子どもと仲直りをする。相手の子どもに「大丈夫だよ」と言ってもらえる安心感や雰囲気、仲直りは心地よいことであることをその子どもにその場で伝えてほしい。

〈解説〉
　子どもたちは支援学級では落ち着いていても、通常学級で混乱することが多い。通常学級は人数も多く、その分、イライラがたまってしまう要因も多い。その意味では、前記の「パニック等があったときの支援・10ヶ条」は通常学級担任にも伝え、万が一の時の対応法については共通理解することが大切になる。

5 大事なまとめ

(1) 個別の目標設定を

（もちろん、教師と一対一でも可能なのですが）小グループで取り組む活動を紹介してきました。友達と関わる楽しい活動を通してのAさんなりの個別目標、Bさんなりの個別目標が大事になります。

①単元目標──「みんなハッピーカルタ」を例にすれば、単元目標は「『みんなハッピーカルタ』を作って、楽しく遊ぼう」等の分かりやすいポジティブで具体的な目標にします。

②良さをさらに伸ばす個別目標──もし、Aさんが自動車に詳しいならば、単元目標に即したポジティブな個別目標として、「語呂のいい交通標語をたくさん考える」が単元全体を通しての目標になるかもしれません。

③課題に関する個別目標──Aさんは負けそうになると暴れてしまうことが多いとします。その場合には、「負けそうになったとき、（暴れるのではなく）『くやしいんだよボックス』で叫ぶことができる」「負けそうになったとき、『ジャマイカの呪文』を唱えて、負けを受け入れることができる」……等を検討することになります。

④子ども本人とも確認しながら──②③の目標設定については、本人とも相談の上、達成できそうな個別の具体的な目標を設定することになります。

(2) 子どもを受け止めることの大切さ

ある子どもの感情の爆発は、周りの友達からすれば大変な迷惑行為であり、場合によっては危険なことさえあります。一方で、その本人にとっても最も辛い選択・行為であり、決して本人が望んでしていることではありません。そんな自分を何とかしたいと願いながらもうまくいかない子どもたちなのです。過渡的には、極めてしんどいことではあります。ですから、本人も何とかしたいのです。

しかし、考えてみれば、暴れ続けて大人になる子どもはいないと思ってください。もちろん、世の中には怒りっぽい大人やいったん怒るとちょっとひ

いてしまうような雰囲気のある大人もいますが、考えてみれば、小学生時代のような暴れ方を続ける人はいません。乱暴な子どもたちも、少しずつ、大人しくなっていくのです。しかし、その育ちの経過が何よりも大切なのです。

> 全く理解されず、『叱られ・否定され続ける』のか、しんどさを理解され『受け止められる』のかでは、その後の育ちに決定的な違いが生じる。

　これは少年院等を対象にした調査研究が明らかにしていることです。幼児期・小学校時代の育ちはとても大切なのです。考えてみてください…叱られるために学校に来る子どもは絶対にいません。今日こそは何とかしたいと思いつつも、うまくいかない……そこに障害のある子どもたちのしんどさがあるのです。そこに寄り添うか否かはこの教育の大きな分かれ目です。

　ここで紹介したような実践に取り組みつつも、担任が独りで抱える必要はありません。学習指導要領には、「障害のある児童などについては、特別支援学校等の助言又は援助を活用しつつ、個々の児童の障害の状態等に応じた指導内容や指導方法の工夫を組織的かつ計画的に行うものとする。」とあります。管理職、特別支援教育コーディネーター、養護教諭を含む校内体制構築と並行して、特別支援学校等の校外の応援団も積極的に活用しながら、子どもたちを支えたいと思います。

V 入門

個別の指導計画と学級経営のポイント

V 入門

〈個別の教育支援計画と個別の指導計画〉
1 どのようなイメージなのか？

　学習指導要領総則本文に「特別支援学級に在籍する児童や通級による指導を受ける児童については、個々の児童の実態を的確に把握し、個別の教育支援計画や個別の指導計画を作成し、効果的に活用するものとする。」との記載がなされました。大変重い規定です。

　しかし、通常学級担任をしていた読者には耳慣れない言葉です。まずは、実際の書式の例を確認してみます。なお、各都道府県の教育委員会や教育センター（地域によっては、市町村教育委員会や教育センター）が二つの計画のフォーマットを用意していて、ウェブ上からダウンロードして記入できるようになっている場合もあります。必ず、確認してください。

個別の教育支援計画（書式例）

氏名 （フリガナ）	年　月　日生（　歳）	年　組	担任名 記入日	年　月　日
保護者氏名 （フリガナ）	住所 TEL			
現在の生活・将来の生活に関する希望				
主障害	障害者手帳　有・無（　　　　　　　　　　　）			
諸検査の記録				
本人の希望				
保護者の希望				
本人・保護者の希望を基に考えられる支援計画				
現在の生活を充実させる目標	○いいとこ・よさに関する目標	→そのための手立て		
	○困難さに関する目標	→そのための手立て		
卒業後の生活を見通した目標				
具体的な支援				

家庭生活	余暇・地域生活	医療・健康	教育相談情報
○家族構成 ○手伝い ○頑張っていること ○困っていること ○趣味・好きなキャラクター…等	○放課後等デイサービスや学童保育所の利用 ○放課後の過ごし方 ○地域のサークル等	○病院・主治医 ○服薬（作用・副作用） ○障害福祉課と相談中	○前担任及び生育歴上の主要な支援者 ○（発達支援の）学習塾の利用 ○教育相談センター等の利用…等
評価及び今後の課題・申し送り事項			

個別の指導計画（書式例）

20××年度　前期・後期	年　　組	氏名	
〈得意な教科等・活動〉	〈苦手な教科等・活動〉	記入者	
		記入日　年　月　日	
〈伸ばしたいいいとこ・よさの側面〉			
〈特に、改善したい側面〉			
〈年間の重点目標（「自立活動」分野）〉 ○伸ばしたい側面 ○改善したい側面			

	現在の様子	前期の目標	手　立　て	経過と評価
				＊経過については日付を記載
自立活動				
国語				
算数				
○○				
その他				
全体的に				

　後者の「個別の指導計画」は、「学期末には通知表の下書きになる」とイメージしてください。支援学級は在籍する子どもの数が少ないですから、その分、「自立活動」をはじめとして、各教科等の目標や手立ての具体、そして、結果としてどうだったのかという評価が一人一人について丁寧になされると理解してください。

　「個別の指導計画」はＡさんの学校における教育活動全般の計画とその評

価の記入であり、一方、前者の「個別の教育支援計画」は学校のみならず、Aさんに関わる様々な立場の関係機関の様子や計画も記入すると考えてください。では、まず、学習指導要領で確認してみます。

2 校内支援体制で取り組む！

(1) 学習指導要領では？

> 小学校学習指導要領　総則　第4児童の発達の支援
> 2　特別な配慮を必要とする児童への指導―(1) 障害のある児童などへの指導
> エ　障害のある児童などについては、家庭、地域及び医療や福祉、保健、労働等の業務を行う関係機関との連携を図り、長期的な視点で児童への教育的支援を行うために、個別の教育支援計画を作成し活用することに努めるとともに、各教科等の指導に当たって、個々の児童の実態を的確に把握し、個別の指導計画を作成し活用することに努めるものとする。特に、**特別支援学級に在籍する児童や通級による指導を受ける児童については、個々の児童の実態を的確に把握し、個別の教育支援計画や個別の指導計画を作成し、効果的に活用するものとする。**
> 　　　　　　　　　　　　　　　　　　　　　　　　　　（太字筆者）

二つの計画の作成は特別支援学級在籍や通級指導教室を利用する子どもは義務規定です。通常学級在籍の配慮を要する子どもや障害のある子どもについては努力規定になりました。これは総則本文の規定ですから、単に、支援学級担任がやるのではなく、学校全体で取り組みなさいと示しているのです。「校長のリーダーシップのもと、学校全体の協力体制づくりを進めたり、全ての教師が二つの計画についての正しい理解と認識を深めたりして、教師間の連携に努めていく必要がある。」（同解説）と記されるとおりです。

(2) 個別の教育支援計画

さて、支援学級に在籍する子どもを思い浮かべてください。例えば、A

さんは放課後に、放課後等デイサービスや学童保育所（放課後ルーム）を利用しているかもしれません。また、定期的に医療機関を受診し、服薬をしているかもしれません。また、教育相談センターに定期的に通っていたり、（発達支援の）学習塾に週に１回行っていたりするかもれません。家庭の中では、お手伝いも活発で、地域の友達とも仲良く遊んでいるかもしれません。

　そして、最も大切なことは子ども本人の夢や希望にしっかりと寄り添い、その願いを把握することです。それらの情報を一つの計画書にまとめることで、Ａさんへの支援を見える化・共有化し、一層充実させようとするのが、「個別の教育支援計画」なのです。

　Ａさんを支える様々な応援団と連携し、その情報を学校での教育活動にも活かし、よりよい支援を生み出そうとするものです。作成にはそれほど手間はかかりません。保護者面談や家庭訪問で聞き取りながら記入しましょう。解説に目を向けてみます。

　「障害のある児童などは、学校生活だけでなく家庭生活や地域での生活を含め、長期的な視点で幼児期から学校卒業後までの一貫した支援を行うことが重要である。このため、教育関係者のみならず、家庭や医療、福祉などの関係機関と連携するため、それぞれの側面からの取組を示した個別の教育支援計画を作成し活用していくことが考えられる。具体的には、障害のある児童などが生活の中で遭遇する制約や困難を改善・克服するために、本人及び保護者の意向や将来の希望などを踏まえ、在籍校のみならず、例えば、家庭、医療機関における療育事業及び福祉機関における児童発達支援事業において、実際にどのような支援が必要で可能であるか、支援の目標を立て、それぞれが提供する支援の内容を具体的に記述し、支援の内容を整理したり、関連付けたりするなど関係機関の役割を明確にする。」

（同解説）

Ⅴ　入門

　さらに、「個別の教育支援計画」については、家庭や地域生活の情報も記されることから、「保護者の同意を事前に得るなど個人情報の適切な取扱いに十分留意すること」(同解説)を前提に、家庭との連携の一層の充実を図る必要があります。

(3) 個別の指導計画

　「個別の指導計画」は、日々の授業づくりの出発点だと理解してください。「個別の教育支援計画」という家庭・地域生活までも含む大きな箱があり、その中に、学校生活・授業づくりに特化した「個別の指導計画」という箱が入っているイメージです。

　書式例にも示したように、Aさんの学習や生活の様子を踏まえて、年間を通してさらに伸ばしたい点、何とか頑張って克服してほしい点を検討します(年間目標)。その上で、「自立活動」の一学期(前期)の目標を記入します。各章の「大事なまとめ」で確認したように、"授業に即して具体的に"その授業で何を目標に何をするのか検討します。「『行くよー』と声を掛けて、ボールを渡したり、キャタピラーを動かしたりする」等の具体的で、評価しやすい個別の目標を簡潔に記載することになります。

> 「個別の指導計画は、個々の児童の実態に応じて適切な指導を行うために学校で作成されるものである。個別の指導計画は、教育課程を具体化し、障害のある児童など一人一人の指導目標、指導内容及び指導方法を明確にして、きめ細やかに指導するために作成するものである。」
>
> (同解説)

　ただし、新任の先生は決して焦らないことです。「個別の教育支援計画」と「個別の指導計画」を書き終えたら、夏休みになっていた……ということになりかねません。それでは、本末転倒です。では、次に、作成の方法について確認します。

3 計画書を作成するために

(1) 既設学級で前任の先生との引き継ぎが可能な場合

この場合は、「個別の教育支援計画」と「個別の指導計画」の大まかな項目は前任の先生に記載してもらう必要があります。これらの計画書は「引き継ぎ書」の側面もあります。ですから、先に解説を引用したように、「校長のリーダーシップのもと、学校全体の協力体制」の中で作成するのです。

万が一、大まかな項目の記載がない場合は、校長先生に依頼して、前任の先生との引き継ぎの機会を、あらためて、設定してもらいましょう。そのような協力体制のもとで、二つの計画の作成を進める必要があります。少なくとも、新任の先生が独りで抱えるべき課題ではありません。

(2) 新設学級の場合

この場合は、校長先生を通して、教育委員会や教育センターで就学支援実務を担当していた指導主事の先生との協力体制を整える必要があります。その学級に在籍することになる子どもたちの就学支援関係の様々な資料が保管されているからです。

その資料を基に、指導主事の先生の指導の下で、二つの計画書の大まかな項目を記載するようにしましょう。独りでは、まず困難だと思って、開き直る必要があります。

> 「分からない」ときは、指導主事の先生や特別支援学校を「頼ることも責任の一端」

そして、「大まかな」と強調しているのはとても大きな意味があります。担任や友達が替わり、教室環境も変わり、さらに、授業も『楽しく・やりがいある』内容に変われば、子どもの様子も一変することがあるからです。子どもたちは（担任や授業という）環境の変化にとても敏感で、正直です。

一度記載した計画は固定的なものではなく、柔軟に修正すべきです。4月

Ⅴ 入門

当初は子どもの様子を把握しつつ、本書のアイデアを活用しながら、授業準備を優先すべきです。特に、新設学級を新任の先生が担当する場合は、あせる必要はありません。指導主事の先生と十分に連絡をとりあってください。

(3) 市町村の特別支援学級担任者研修会で書き方講習会を行う

地区の新任の先生方の研修の機会を年度当初の早い時期に設定してもらいましょう。これも先の「協力体制」の一つでもありますし、教育委員会の責任でもあります。その一連の講座の中で、二つの計画書もテーマとして取り上げてもらいます。特別支援学校コーディネーターや支援学級のベテランの先生、指導主事の先生を講師に、具体的な書き方研修会を設定してもらいます。

そこでできたつながりをさらに太くして、日常の授業づくりでも悩みを相談し合える仲間をつくります。授業づくりも計画書の作成も、独りで抱えてしまっては決してうまくいきません。「学校全体の協力体制」のみならず、特別支援学校、教育委員会、地区の支援学級担任等の「校外の関係者との協力体制」も不可欠なのです。

4 個別の教育支援計画・指導計画の作成のための10ヶ条

「個別の教育支援計画」「個別の指導計画」を作成する際の「心構え10ヶ条」を以下にまとめました。

> その1：抱えず・頼って・つながろう！

①独りで抱えない！

新任の先生の場合は、独りで抱えては決してうまくいかない。むしろ、校長先生、前担任、指導主事の先生、特別支援学校や地域の先輩や同期を頼って、つながることが目の前の子どもに対する最も責任ある態度であると考える。これを機会に、その子どもが通っている相談センターの心理士やドクタ

ーからも貴重なアドバイスをもらうつもりで、関係者を頼ること。
②地域のネットワークを利用するつもりで！

　おそらく読者も地域の教育研究会の「国語部会」などに所属していたように、地域には「特別支援学級部会」「自閉症・情緒障害教育部会」あるいは、全日本特別支援教育研究連盟の地域組織がある。そのネットワークに乗るつもりで、あせらず進める。

> その2：子どもに寄り添い、理解する！

①子どものよさ・得意を知る！

　子どもの好きなことは（興味・関心は）？　子どものいいとこは（性格のいいところ、よさ、持ち味等）？　得意なことや好きな勉強は？　将来の夢は？　どんなことをしたい？……。日々の子どもとの授業、遊び、さりげない会話を通して、把握する。
②子どもの苦手・不得意を知る！

　苦手なことや不得意も当然ある。苦手・不得意なことや勉強は？　困っていることは（友達関係がうまくいかない……、怒りっぽい……等）？　それらを把握していく。また、子どもは「嫌い・苦手」と言っても、客観的には「よくできている」こともある。逆に、「得意・好き」と言っても、客観的には「あまりうまくできていない」こともある。このような子ども本音の思いと現実とのキャップについて、少しずつ把握していくつもりで。
③「個別の指導計画」の作成は「自立活動」の一環である。

　本人は支援学級に在籍していることをどう思っているだろうか？　このこと自体をすぐに考えるということではない。しかし、最終的には、そのことを一緒に考えることも必要になるだろう。自立活動の「1. 健康の保持──(4)」には、「自己理解」に関する項目がある。つまり、私たち教師がその子どもの理解を深めるプロセスは、子ども自身が自己理解を深めるプロセスとも言えよう。すでに紹介してきた見える化された選択式のアンケート等を工

Ⅴ　入門

夫したい。ここが大きなポイントではあるが、実は、「個別の指導計画」の作成そのものが「自立活動」の一環なのだ。

> その３：把握の仕方も工夫して！

①工夫を凝らして！
　「何が好き？」「嫌いなことは？」「嫌いな勉強は？」と聞くと全てが把握できるわけではない。まして、出会ったばかりで信頼関係のない大人に話してくれるとも限らない。先に触れたように、あせらず進める。時期を見ながら、聞き方も工夫する。インタビューだけではなく、アンケート用紙に記入したり、テスト形式にして"質問→選択肢"のような回答を求めたり、キャラクターとの問答形式にしたり、クイズ風にアレンジしたり……ちょっとした工夫を凝らす。この一工夫が「特別」支援と言える。
②あせらずに！
　一度に全てを知ろうとしない。私たち大人も少しずつ相手のことを知っていく。どうもうまくいかない……と思うならば、帰りの会等に、「今日の花丸みつけ」「今日のいいとこ探し」「今日の大失敗」のようなコーナーを用意してみる。その方が、意外に本音も語れる。

> その４：保護者の思いに、寄り添って！

①保護者にも寄り添う！
　読者はご自身のお子さんを支援学級に喜んで入級させるだろうか？　この問いには、複雑な思いを抱く。「個別の指導計画」の出発点が子どもの思いだとするならば、「個別の教育支援計画」の出発点には、保護者の思い・願い、あるいは、悩み・不安・戸惑いもある。保護者の言い得ぬ思いも含めて、保護者に寄り添うことから「個別の教育支援計画」作成は始まる。
②把握の仕方に工夫して！

提案3同様に、把握の仕方にも工夫する。「家庭環境調査票」「保健調査票」のような年度当初の保護者記入の書類があるが、それに一工夫加えるのも一案である。しかし、新任の場合はその時間的余裕はないだろう。先の二つの調査用紙に不足する項目を確認する。家での手伝い、放課後等デイサービス等の利用、医療機関情報…等については、別の調査票を用意する。

③丁寧に！

　ただし、保護者も年度当初は忙しい。家庭訪問や個別面談でのインタビューや日々の連絡帳等もさりげなく活用したい。そこから得た情報も「個別の教育支援計画」に書き加えていく。また、先に触れたように、「個別の教育支援計画」は保護者の同意が最終的には必要である。作成した計画を保護者に確認してもらい、その時点で加除訂正をしていくのも丁寧な進め方である。

> その5：子どもの「いいとこ」を見つけ出し・つくり・増やす！

①子どものいいとこ・よさを伸ばす！

　病院のカルテとの決定的な違いはここにある。よさが発揮されやすい教科・活動を見つけて・つくって・増やす計画にしたい。その意味では、「子どもへの"見方"を変えて"味方"になる、そして、"支援"を変える」ことを宣言する計画である。

②いいとこ・よさを伸ばす目標設定を！

　「悪いところを治す計画」案ではない、「いいとこ・よさを応援する計画」案である。この発想が大前提である。毎日確実にできそうで、毎日確実にほめることのできる行動、その子どもが率先してやっている行動——それらの行動を少しでも増やすような目標設定をする。

> その6：「大まか」で構わないが「大げさ」は避ける！

①「できる」「する」時間を増やす！

Ⅴ 入門

　特に、年度当初は「大まか」に記載していく感覚で構わない。しかし、できもしない「大げさ」な目標設定は避ける必要がある。できなければ意味がない。「個別の指導計画」の目標は、○達成可能性、○肯定表現性が何より大事！　本人も自覚でき、教師も支援しやすい「～する」という目標にする。「～しない」という否定表現の目標は、考えてみれば、「何をするのか」分からない。つまり、達成しにくい目標になる。しかし、「～する」という目標は本人も教師も見えて、分かりやすい、しかも、評価もしやすい。
②少し頑張ると手が届く目標設定！
　提案5の原則に則して考えれば、「できること」「ちょっと努力すればできそうなこと」を目標にしてよい。「頑張り続ける毎日」ではなく、「頑張りたくなる毎日」という発想を大事にする。だから、「楽しく・やりがいある授業」が大事なのだ。
③子どもが手応えを感じ、教師も手応えを感じる！
　これはとても重要な原則。本人も教師も結果として「できる感覚」を実感するから、次への自立的で・主体的な気持ちが高まる。本人が目標を自覚できるように簡単な「約束カード」のようなものを用意して進めるのもよい。なお、目標設定に際しては、『逆転の発想で 魔法のほめ方・叱り方』（東洋館出版社）も参照してほしい。カードの工夫も含めて、具体的な提案を掲載している。ぜひ、参照してほしい。

> その7：行動上の課題（暴力やパニック等）の場合は、さらに絞り込む！

①逆転の発想で！
　第Ⅳ章の「感情のセルフコントロール力」で触れたように、子どもたちは行動上の課題を抱えることも多い。その行動を「問題行動の分析・支援シート」で分析をしつつ、まずは逆転の発想で、減らしたい行動とは真逆の行動を増やす目標を検討する。その上で、減らしたい行動について検討する。

②「できる」目標に絞ること！
　たとえば、「離席」を例にすれば、年間目標では、「着席して学習できるようにする」でも構わない。しかし、それは学期ごとの目標にはふさわしくない。学期ごとの目標は——その子どもは算数が得意ならば——その時間に限定してよい。「算数の時間は着席して学習する」「算数の時間に席を立つときは、教師にサインを送る」等の少しの努力でできそうな「自立活動」の学期の個別目標にする。
　あるいは、負けるとパニックを起こす場合には、年間目標は「勝敗のあるゲームで負けたときの対応の仕方を身に付ける」であったとしても、「自立活動」の学期の目標は「『二文字神経衰弱』で負けそうなときには、『くやしいんだよボックス』で発散する」のように、手が届きそうな目標にする。

> その8：ほめる機会を増やすつもりで！

①「できる感覚」を増やす
　在籍している子どもたちは、おそらく乳幼児期から叱られることが多かったに違いない……、約束を守ることができず叱られ、ほめられる機会そのものが少なかったに違いない……と理解したい。だからこそ、いいとこ・よさを応援する目標でも、行動上の課題を克服する目標でも、結果として「できる機会」を増やす姿勢が何より大切になる。「できる感覚」をたくさん体感することで、自立的で・主体的な姿を実現したい。
②ほめる機会を増やす
　子どもの「できる感覚」が、子どもの中で確かなものになると言うことは、逆に言えば、ほめる機会が増えることでもある。「個別の指導計画」を検討しながら、「どうしたらほめる機会を増やせるだろう」と考えてほしい。

> その9：目的は計画を書くことではない！　具体的な支援方法の明確化と共有化！

Ⅴ　入門

①作成を目的にしない！
　特別支援学校で初めて「個別の教育支援計画」「個別の指導計画」が導入されたときに、「書き終わったら、夏休みになっていた……」「作成したものの授業改善に結びつかない……」等の指摘があった。否、現在でもこの課題に苦しんでいる。作成だけを目的にしてはいけない。それでは全く意味がない。だからこそ、形式は——先に掲載したように—簡便で構わない。結果として、「子どもが確実にできて、ほめる機会が増える」という前提さえ外さなければ「大まかに」書く姿勢でスタートしたい。
②具体性
　今現在の子どもの様子に寄り添いながら、何を目標に、どのような授業で、どのような手立てを講じるのか……本書で提案してきた授業づくりのアイデアも含めて書き込み、具体的な支援方法を記載する——そのような応援計画案であってほしい。
③チームで！——共有化のツールとして——
　交流に行く機会の多い子どもの場合は、その子どもが在籍する学年会や校内委員会で子どもの様子を複眼的に把握し、具体的な支援方法に関する知恵をチームで出し合い、共有化する機会としたい。

> その10：大事にしたい評価！

①長期休業を一つの節に！
　二つの計画に基づいて一学期末に一通りの振り返りと評価をする。特に、夏休み（前）には個別面談がある。子ども本人だけでなく、保護者からの聞き取りも大事にしたい。そして、子どもを中心としたトライアングルを確かにしたい。この機会にこそ「個別の教育支援計画」「個別の指導計画」についても見直す。目標は本当に達成できたか？　達成できないとしたら目標が高すぎなかったか？　目標を設定する前の子どもの様子の把握は十分だったか？　仮に、目標はよかったが、実際の授業づくりとそこでの手立ては十分

だったのか？　そもそも授業はその子どもにとって本当に「楽しく・やりがいある」内容だったのか？……等、長期休業中の評価を大切にする。
② 「大まか」にではなく、「きめ細やか」に！

　①の検討ができれば、きっと見えてくるものがある。当初は「大まか」な計画であったかもしれないが、「これをしてみたい」「あれならばできるかもしれない」という思いがわいてくる。その具体を「個別の指導計画」の次の学期や後期の目標にする。そして、休み明けの授業の具体的な準備を「きめ細やか」にしたい。

〈交流及び共同学習の展開〉

1　「参加する」交流から「学べる」交流へ

　すでに触れたように、総則本文にも「障害のある幼児児童生徒との交流及び共同学習の機会を設け、共に尊重し合いながら協働して生活していく態度を育むようにすること。」と記され、交流及び共同学習の位置づけは一層の重みを増しています。

　しかし、一方で、「"共に学ぶこと"については、「**授業内容が分かり学習活動に参加している実感・達成感を持ちながら、充実した時間を過ごしつつ、生きる力を身に付けていけるかどうか、これが最も本質的な視点**」(「共生社会の形成に向けたインクルーシブ教育システム構築のための特別支援教育の推進（報告）」2012) との重要な指摘を受け止める必要があります。

　ですから、「特別支援学級の児童との交流及び共同学習は、日常の様々な場面で活動を共にすることが可能であり、双方の児童の教育的ニーズを十分把握し、校内の協力体制を構築し、**効果的な活動**を設定することなどが大切」(総則解説・傍点太字筆者) なのです。つまり、以下が大切になります。

> 単に「参加する」交流から、真に「学べる」交流への高まりが求められている！

Ⅴ　入門

　支援学級で展開される交流及び共同学習（以下、「交流」と記す）には大別すると大きく二つ形態があります。一つは通常学級の教科等の活動に支援学級の子どもが「行く交流」、二つ目は支援学級の活動に、通常学級の子どもを「招く交流」です。その他にも、学校行事や清掃、給食、休み時間等の日常生活的な交流もあります。ここでは、「行く交流」と「招く交流」について検討します。

2　通常学級に「行く交流」の場合

　多くの支援学級が取り組んでいる形態です。それだけに、その活動が「効果的」になっているか否かの十分な検討が必要です。

　「行く交流」の場合も、大きく二つに分かれます。子どもが個別に通常学級の活動に参加する場合と支援学級の子ども全員（もしくはその該当学年などの一部の子ども）で通常学級に行って、出し物、発表、ゲーム、クイズ大会をする等です。

(1) 個別に"行く交流"の場合
①交流する活動の選定・目的の明確化

　機械的な交流にせず、「効果的な活動」にするためには、やはり、「個別の指導計画」が大切になります。今年度、今学期の重点目標は何なのか？　そのためには、どの教科等で、あるいは「自立活動」で、どのような活動が必要なのかという観点から交流を見直します。その上で、以下を検討します。

> ○様々な配慮があれば、教科等の目標を交流の授業の中で達成できるかどうか？
> ○子ども本人がやりがいと手応えを感じとれているかどうか？

　そもそも通常学級の一斉指導では学習上の困難さを抱える子どもたちですから、この二点の確認はとても大切です。仮に、交流に参加してテストで80点をとったとします。全く気乗りせず参加してとった80点と、やる気

満々で参加してとった80点には大きな違いがあります。前者が本当に「生きる力」に結びつく学びになっているかどうかは大変疑問です。

本書で繰り返し確認してきましたが、交流に限らず、目的はあくまでも子どもの自分から・自分で・力を使いながら、力を身に付ける主体的な姿の実現、すなわち、自立と社会参加に向けた力の高まりです。交流もその観点から、「その活動でどのような主体的な姿が実現できるのか？」を常に見極める姿勢が大切です。図工・音楽・体育・生活等の教科での交流も多いのですが、通常学級の立場で比較的自由度の高い「特別活動」の在り方を両者の担任で練り込み、お互いのよさが発揮される活動として創造することも可能です。これは、次節の「支援学級として"行く交流"の場合」で触れます。

②手立ての明確化

先に「様々な配慮があれば、教科等の授業目標を達成できるかどうか？」と書きましたが、この「様々な配慮」は支援学級担任の腕の見せ所です。

○自信をもって参加できるように、支援学級でも簡単な予習復習をする。
　→予習は大切！　たとえば、交流学級で国語の授業に参加する場合、新しい題材の「あらすじ」を確認するだけでも大きな力になる。
○必要に応じて、教材教具を作成し、交流学級担任に提供する。
○授業の流れを見える化する、指示を分かりやすくする等のユニバーサルデザイン（『実践　通常学級ユニバーサルデザインⅠ・Ⅱ』（東洋館出版社））への配慮をお願いする。

通常学級担任も不安を抱えています。通常学級担任もある程度の見通しと安心感をもって、その子どもを迎えることができるようにします。お互いに時間の制約があるのですが、前週末には口頭で構わないので、簡単な打ち合わせを習慣にする必要があります。

③事後評価の徹底

口頭でも構いません。必ず、通常学級担任とその日・その週の子どもの様

Ⅴ　入門

子を確認します。いい姿ならば、その維持・発展のための手立てを検討しましょう。逆に、苦戦の様子が見られるならば、期待した目標の妥当性、尽くした手立ての有効性を再検討します。それを繰り返しても改善が見られない場合は、その教科等での交流は困難があると考えて根本的な見直しも検討します。教育効果が得られない交流を続けてもその子どもにいいことはありません。

　上記の評価の際、子ども本人の自己評価も大切にします。

> ○客観的には苦戦していても、とても仲の良い友達がいて、時に手助けしてもらいながらも頑張って取り組み、本人はとても満足している。
> ○逆に、テストの点数なども含めて客観的には全く問題ないと見えていても、本音では「あまり行きたくない……」と思いながら、過剰適応状態で参加している。

　客観的な状況を把握しつつ、常に、子どもの本音の思いに寄り添い、検討します。多忙化の現状の中ではやむを得ない側面はありますが、交流に関する調査によると担任相互の「打ち合わせ不足」「手立て不足」の現状が明らかになっています。そのため、通常学級担任が――通常学級の子どもにとっての交流のよさを実感しつつも――支援学級の子どもへの支援については不安を抱えながら交流している様子が伺えます。個別に「行く交流」の場合、支援学級担任として尽くせる支援には当然限界があります。その点を踏まえて、交流のありかたを常に見直す姿勢が大切になります。

(2) 支援学級として"行く交流"の場合

　ここでもさらに二つの形態が考えられます。

①全員で発表するような形式の活動

○支援学級で練習してきた歌、劇、演奏、ペープサート……等を通常学級で発表する。

　→その発展として、校内歌声発表会や支援学級合同の発表会等を設定する。

○前半の授業づくりのアイデアで触れた、ことわざ、四字熟語、「みんなハッピーカルタ」等を活用したクイズを作成し、通常学級の子どもたちに出題する……等です。

②全員で通常学級に出向き、支援学級の子どもたちは通常学級の班の中に入る形態

　この形態は、結果として、個別性の高い交流になります。活動としては、授業づくりのアイデアで触れたトランプやカルタを活用したカードゲームをするなどです。

　特徴は支援学級の子どもたちがリトルティーチャーになることにあります。（もちろん、代表の子どもが全員の前でルール等の説明をすることもできます。）各班に分かれた子どもたちが各班のリトルティーチャーになって説明します。これらの形態のメリットは、以下です。

○事前の準備を支援学級で尽くすことができる。
○支援学級で取り組んでいる活動を通常学級で展開することになるので、子どもたちが自信をもって参加できる。
○一人きりで参加するのではないという安心感がある。
○日頃の"個別に行く交流"では、「教えてもらう」「させられる」「しもらう」ことの方が圧倒的に多いであろう子どもたちが、全く逆の立場で主体的に「教えてあげる」「してあげる」貴重な機会になる。
○この延長として、様々なゲームを通常学級の「特別活動」の時間に設定して、支援学級の子どもが"個別に行く交流"に発展させていくことも可能である。

3 支援学級に「招く交流」の場合

(1) 力を発揮できる活動でこそ交流を！

　招く形態は最も無理なく、確実に、支援学級の子どものいい姿を実現でき

ます。「Ⅲ 入門 友達関係の力を育む授業づくりのアイデア」で紹介した授業は全て交流を前提にしています。もちろん、使用するカードや手作り教材の数は増やす必要がでてきます。しかし、毎年の交流で活用が可能な教材になりますので、ぜひ、作り貯めたいものです。子どもたちも通常学級の友達を招待するとなれば、張り切って準備するに違いありません。

支援学級にプレイルームのような教室があるならば、そこに設置した遊び場に招待します。通常学級の生活科や特別活動の時間、あるいは、長い休み時間や昼休みでも構いませんので、1ヶ月程度の期間に、全校児童を招待することも可能でしょう。あるいは、校内の約束事として、毎年、「2年生とは交流する」という形にして、2年生の子どもたちと中心に遊ぶこともできます。

(2) リトルティーチャーとして！

また、調理的な学習を展開して招くことも可能です。例えば、クッキー作りの腕を磨いて、支援学級の子どもがリトルティーチャーになり、招いた通常学級の子どもに教える先生役になることもできます。

通常学級の子どもたちを招待するとなれば、招待状作りを始めとして様々な教科的な関連の活動が、結果として、組織できるでしょう。自分たちが得意にする自慢の活動を通しての交流になりますから、様々な発展が可能です。

このように、招く交流は、これまでも触れてきた、支援学級で取り組んできた活動を大切にしながら展開できる交流となります。支援学級の子どもたちが「力を使いたくなる状況」「力を精一杯使えばうまくできる状況」を用意しやすい交流形態と言えます。そして、友達関係や感情コントロールの力を新しい場面で発揮し、高める貴重な機会になります。その意味では、今後さらに追究したいものです。

4 学校生活全般の中で

それぞれの形態の交流を検討してきましたが、いずれにもメリットとデメリットがあります。それらのよさが限りなく発揮される交流を展開しつつ、

日常的で自然な交流を検討することになります。
(1) 給食・清掃交流
　これも通常学級に行く場合と支援学級に招く場合が可能です。特に、招く交流の場合は、昼休み時間も含めて楽しい企画を用意しましょう。支援学級の子どもたちが、ランチタイム・マジックショーや定番のクイズ大会等の企画をします。支援学級の子どもが得意な遊びを展開してともに楽しい時間を過ごしましょう。通常学級の子どもたちが「また来たい！」と思える時間にしてください。

(2) 長い休み時間・昼休み時間の交流
　おそらく、全ての交流活動の成果が最も自然に現れる時間帯と言えます。この時間帯に意図的な交流を実施する場合――外遊びもいいのですが――授業づくりで紹介してきたカードゲーム等の活用もいいでしょう。雨の日にはもってこいです。カードゲームには勝負に偶然性が高いバリエーションが多いため、お互いが対等に、自然に遊ぶにはとてもいい活動です。子どもらしい交流の機会となるでしょう。
　あわせて、「ギャラリー〇〇」のようなコーナーを廊下も含めセッティングし、支援学級の子どもたちの作品が自然に目に触れるようなさり気ないレイアウトも工夫してみましょう。

(3) 清掃・委員会・クラブ
　担任の目が必ずしも行き届かない活動になります。それだけに、定期的な打ち合わせが求められます。役割や活動内容は明確か？　実際の様子はどうか？　どのような手立てがあるのか？　確認し合う必要があります。特に、クラブ活動は子どもが自分で選んで参加する貴重な学習活動になります。

> クラブ活動はその子らしさ・よさ・持ち味・得意が自然に発揮されやすい活動である。

　子どものいい姿をしっかりと支える体制づくりをします。

Ⅴ 入門

(4) 保護者との交流

　保護者の理解は欠かせません。PTAの役員会や部会等の年間活動計画の一環として、交流を位置づけている学校もあります。役員の発案で始まったとのことです。保護者と一緒にカードゲームをしたり、体験活動をしたりするのです。子どもたちも大いに張り切ることでしょう。裾野の広い骨太の交流の在り方です。大きな意義のある試みだと思います。ぜひ、広めて頂きたいと思います。

　今、正に、共生社会の実現を目指す時代です。その意味で、交流及び共同学習は正に時代の要請ともいえます。だからこそ、責任ある実践が求められます。障害者理解教育の推進も含め、学校全体でそのありようを追究する——そのような校風を創り上げたいと思います。

〈保護者との連携〉

1　保護者の決意と覚悟に寄り添う

　読者に伺います——「ご自身のお子さんを特別支援学級に望んで入級させますか？」——この問い、すなわち、「自分がその子どもの保護者だったら！」と常に、逆の立場でイメージする必要があります。特に、入学式は子ども以上に保護者が不安と複雑な思いを抱えている場合があります。支援学級を望んでいたわけではありません。その意味では、保護者は「不安や戸惑い」とともに、それなりの「決意と覚悟」をもって支援学級を選択します。

> 保護者の「決意と覚悟」にしっかりと向き合い受け止めて、充実した支援学級の生活を用意する責任を私たち教師は負う。

　そのためには、まず、子どもの「いい姿」を実現することです。毎日、子どもたちが充実の笑顔で帰宅できること、「楽しかった！　明日も行きたい！」と保護者に語れる毎日の実現です。そして、参観日等で「うちの子ど

もは学校ではこんなにできるんだ！」と保護者が目を見張って驚くような子どもの姿を実現しましょう。「学校でここまでできるなら、家でも頑張ってみよう！」と保護者が思えることが何よりも大切です。その意味で、保護者との連携において何よりも大切なことは学級経営・授業づくりなのです。

2 ピアサポート機能を活かす

　支援学級には、一つの学級に異学年の子どもの保護者が集うという大きな特色があります。つまり、１年生から６年生までの保護者が集う可能性があるのです。日常的な子育ての悩みや不安をはじめとして、進級や進学に関しても保護者同士ならではの支え合いが機能するように配慮する必要があります。

　そのためには、保護者会にも十分な工夫を凝らしましょう。

> 本書で紹介したカードゲームやジャンケンバリエーションを保護者会でも行う。

　カードゲーム等に保護者にも取り組んでもらうことで、交流も兼ねて、支援学級での活動の理解も深めてもらう一石二鳥のアイデアです。おそらく、何人かの保護者は、「家族でもやってみました！」とうれしい報告を後日くれることでしょう。保護者会は様々な意味で大きな連携のチャンスなのです。そして、保護者同士が和んだ雰囲気の中で悩みや不安、喜びや期待を自然に語り合えるようにします。

3 進学・進級支援を確実に！

　通常学級、支援学級、通級指導教室、特別支援学校間の就学先の変更が柔軟に行われる時代になりました。本人の様子や気持ち、保護者の希望も大切にされ、結果として、「就学先」を選べる時代になっています。しかし、小学校から中学校（通常学級、支援学級、通級指導教室、特別支援学校中学

V 入門

部)への進学は大きな決断と選択を迫られます。

> ○子どもに──先輩の学級・学校訪問、想定進路先との合同学習・交流行事、体験入学……等
> ○保護者に──(卒業生保護者を招いての)進路学習会の設定、学校・学級参観……等

　本人・保護者への十分な情報提供が大切です。小学校でも、中学校でも、高等学校卒業までを見据えた様々な進路情報の提供をします。保護者が先々の見通しをもちながら、子どもの現在の様子を考えてくれるようになるとますます大きな力を発揮してくれることになります。最善の利益が保障される進学先を選択できるようにします。
　異学年集団ですから、保護者にも「小さな不満」が残るのはやむを得ない……しかし、進路に関する「大きな不安」を残してはいけないのです。

4　相談・医療機関との連携や活用

(1) アドバイスを活かす

　相談・医療機関は様々なアドバイスをしてくれます。子どもと保護者の多くは、ある一定間隔でその機関に通うことになりますので、「アドバイスをお願いします」と保護者に依頼しましょう。家庭での配慮事項だけでなく、学校での配慮も含めてアドバイスをくれるはずです。
　相談・医療機関からのアドバイスの全てを学校の中で実践できるわけではありません。しかし、ヒントになることは必ずあります。それらを日常的な学級づくり・授業づくりで活かします。このような姿勢を示すことそのものが保護者の思いに応えることになるのです。

(2) アドバイスをもらう

　受け身で考えるだけでなく、むしろ、積極的に相談・医療機関を活用しましょう。学校でよく頑張っている点を伝えることはもとより、逆に、苦戦し

ていることもあるかもしれません。それを伝えて、三者で共有しましょう。
　すでに触れてきましたが、学校だけ、担任だけで抱えてはいけません。応援団を積極的に頼る姿勢は欠かせません。保護者を通しての相談ももちろんですが――保護者も了解の上――電話での直接の相談にも応じてくれるはずです。

> 相談機関や医療機関からアドバイスをもらう

(3) 服薬がある場合
　養護教諭との情報共有は必須です。その薬の作用・反作用は確実に把握しましょう。離席やパニック等の行動上の困難さに処方される薬の場合は、服薬当初が大切です。
　養護教諭（看護師）の協力も得ながら、「魔法の薬をもらってきたんだって！」等と服薬による子どもへの期待効果を高めることも大切です。ドクターからの指示を守り、学校での変化を簡単な記録に残す必要があります。ドクターは学校での様子は分かりませんから、この記録によって学校の様子を把握して服薬量の調整をすることになります。
　そして、何よりも大切なことは、服薬で落ち着いた様子が見られるならば、すかさず、「それでいいんだよ」とその姿を認め、ほめることです。子ども自身が自分が落ち着いている体感を感じ取っていくことが――薬の力を借りなくても――自分をコントロールすることにつながるのです。服薬がある場合は、学校・担任、養護教諭（看護師）、ドクター、家庭との連携を一層強める必要があります。毎年の引き継ぎもしっかりとする必要があります。

(4)「個別の教育支援計画」にまとめる
　個別の計画のポイントの一つは「支援と連携の（経過の）見える化と共有化」を図ることにあります。先に触れましたが、本節にあるような保護者との連携内容も、「個別の教育支援計画」に簡潔に記入します。
　引き継ぎに際しても、担任間のフェイス・トゥー・フェイスの時間確保が

Ⅴ　入門

　仮に十分にできない場合でも、それらの資料がファイリングされていることで、「誰が・いつ・どこで・どんな支援をして・どうだったのか」が把握できます。

〈教室の環境整備〉

　特別支援学級だからと言って、教室に特別な環境整備が必要か？　と言えば、そのようなことはありません。むしろ、何もない「シンプルに！」が「特別」支援の基本コンセプトです。要点を確認していきます。

1　視覚情報が大切！?

　自閉症当事者の有名なたとえがあります。

> 「書き言葉（視覚情報）が第一言語、話し言葉（聴覚情報）は第二言語」

　大変分かりやすいたとえ話です。聞くことよりも、目から入る情報の方が分かりやすいとのことです。
　ですから、写真・イラスト・文字カード等の貼り物はとても大切です。では、それらを常に目につく場所に掲示しておけばいいのか？　ということになるとそれはNGなのです。
　視覚情報は強いゆえに、余分な情報（今、現在の授業で必要ない情報）がありすぎれば、それも強い情報として目に入ってしまい、混乱の元になると理解する必要があります。それは以下のようなたとえ話に象徴されます。

> 「黒板の下にチリ一つ落ちていても、それが目に入り気がそれていた……」
> 「『ウォーリーをさがせ！』にしないでほしい！」
> 「教室前面は『映画館のスクリーン』のようにしてほしい！」

興味のある先生は通常学級に協力を依頼して、子どもたちにアンケートをとってみてください。「黒板の周りに貼り物があると――①よく見る、②時々見る、③あまり見ない、④見ない」という四択アンケートです。筆者の経験では小学校でも中学校でも、過半数の子どもが①と②にチェックを入れてきます。人間は不思議なもので――日常的に（黒板周りの掲示物に）見慣れていても――視覚情報として存在すれば授業中でも見てしまうのです。視覚情報はそれほど強いのです。

通常学級の子どもたちでも見てしまうのですから、「視覚情報が第一言語」の自閉症の子どもならばなおのことではないでしょうか。「視覚情報はとても強く『ないと困る』支援である。しかし、視覚情報は強いゆえに、『ありすぎればとても困る』支援でもある。つまり、何を見ていいのか分からなくなる……」ということです。

2 教室環境の原則

(1) 教室前面には授業で必要な情報だけが目に入るようにシンプルに！
　○余計な掲示物を貼らない。やむを得ず貼る場合は、授業中は見えないようにカーテンで隠す。
　○教師の机はできれば、教室の後ろに配置し、整理整頓を心がける。
　○正面にある整理棚の整理整頓とカーテンの取り付け。

(2) 黒板は授業で必要な情報だけが目に入るようにきれいに！
　○日付、曜日、その日の予定や日直……等は、別にミニホワイトボード等を用意し、必要なときだけ掲示できるようにする。また、次の日の持ち物等も含めて、後面の黒板を使用することも検討する。
　○黒板を使用した後は、きれいに消しとる。
　○使用しないマグネットやネームカード等は外しておく。

「殺風景」という言葉がありますが、正に、大学の教室は「殺風景」です。大学にはホームルームがなく、各教室を違う学生と授業担当者が共有しますから、避難経路図を除けば、貼り物は一切ありません。何もないところに、

板書やパワーポイントを示すことになりますので、大変見やすいのです。
　ですから、少なくとも教室正面は限りなく「シンプルに！　きれいに！」です。

(3) その他
　○椅子は座ってかかとがつく高さに調整する。
　○連絡帳や配付プリントを置く場所を明確に。必要に応じて、個別の専用ボックスを教室内に用意して、自己管理できるようにする。
　○清掃と整理整頓の徹底。きれいな教室であることが様々な支援を有効に機能させる前提。

おわりに

　本書を通して、支援学級や自立活動のおもしろさや可能性、そして、実践への手応えを少しでも感じ取っていただけたならば、それは筆者にとって望外の喜びです。

　本書で提案している支援学級における「自立活動」の実践は、「入門編」であり「基礎編」です。「自立活動」は大変奥深く、その自由度も高い領域です。事実、「自閉症」「自立活動」とその周辺には諸論技法が存在し、どの理論や指導法にも一長一短があります。

　ただし、その取捨選択や検討に際して、私たちが決して外してはならない大事な原則があります。それは、子どもたちが「もっとやりたい！　明日もやろう！」と本音で語れる「楽しく・やりがいある」活動であることです。その点にブレがなければ、子どもたちは、自身の力で、抱えている困難さを少しずつ乗り越えていきます。

　そこに具現化されるのは、教師が「教える」のではなく、子どもたちが自ら「学ぶ」教育です。子どもたちが何かを「させられる」学びではなく、子どもたち自らが「する」学びです。そして、教師が子どもたちに「力を付ける教育」ではなく、子どもたちが自らの持てる「力を使って」「力を身に付けていく」教育です。

　その意味で、支援学級においては、子どもの育ちの源泉とも言える学ぶ喜びや生きる希望……正に、教育の本質に触れることができるのです。支援学級だからこそできる学校教育の、最も学校教育らしい姿です。そして、それこそが、「はじめに」において筆者が強調した「支援学級担任ならではの『醍醐味』」なのです。本書を踏み台に、ぜひ、その「醍醐味」を味わっていただければと心から願っています。

　一方で、子どもたちは通常学級での生活と学習への強い期待も抱いています。本書で提案する「交流及び共同学習」を実践しつつも、通常学級におけ

る温かい友達関係づくりとユニバーサルな支援は欠くことができません。拙書『実践 通常学級ユニバーサルデザインⅠ─学級づくりのポイントと問題行動への対応─』『実践 通常学級ユニバーサルデザインⅡ─授業づくりのポイントと保護者との連携─』『逆転の発想で 魔法のほめ方・叱り方─実践 通常学級ユニバーサルデザインⅢ─』（いずれも東洋館出版社）もぜひ参照してください。通常学級においても「障害のある児童などについては，学習活動を行う場合に生じる困難さに応じた指導内容や指導方法の工夫を計画的，組織的に」（小学校学習指導要領）、学校全体で展開する時代になりました。その基盤の上にこそ、よりよい「交流及び共同学習」「障害者理解教育」も実現します。また、支援学級において教科指導をする場合にも、上記『ユニバーサルデザイン・シリーズ』は参考になるはずです。

　末筆ながら、本書に実践を提供してくれました齋藤玲子先生、齋藤浩司先生、そして、刊行にあたって原稿整理から丁寧にご対応頂いた東洋館出版社の五十嵐康生様に心よりお礼申し上げます。

2019年2月

佐藤愼二

著者紹介

佐藤　愼二（さとう・しんじ）
　植草学園短期大学 福祉学科 児童障害福祉専攻 主任教授。
　明治学院大学社会学部卒業、千葉大学教育学研究科修了。千葉県内の知的障害特別支援学校及び小学校情緒障害通級指導教室での23年間の勤務を経て現職。全日本特別支援教育研究連盟常任理事、日本生活中心教育研究会会長、2018年度千葉県総合支援協議会療育支援専門部会座長ほか。特別支援教育士スーパーバイザー。
　主な著作：『逆転の発想で魔法のほめ方・叱り方─実践 通常学級ユニバーサルデザインⅢ─』（東洋館出版社、2017）、『実践 通常学級ユニバーサルデザインⅠ─学級づくりのポイントと問題行動への対応─』（東洋館出版社、2014）、『実践 通常学級ユニバーサルデザインⅡ─授業づくりのポイントと保護者との連携─』（東洋館出版社、2015）、『実践 知的障害特別支援学級─子ども主体の授業づくりのために─』（責任編集、ケーアンドエイチ、2018年）、『「気になる」子ども 保護者にどう伝える？』（ジアース教育新社、2017）、『今日からできる！通常学級ユニバーサルデザイン─授業づくりのポイントと実践的展開─』（ジアース教育新社、2015）、『特別支援学校 特別支援学級 担任ガイドブック─知的障害教育100の実践ポイント─』（東洋館出版社、2013）、『実践 生活単元学習─授業づくりのポイントとその展開─』（責任編集、ケーアンドエイチ、2017年）、『すぐ役に立つ特別支援学級ハンドブック』（編集、ケーアンドエイチ、2011年）、ほか。

　　執筆協力─齋藤　玲子（市原市発達支援センター療育相談員）
　　　　　　　齋藤　浩司（市原市立光風台小学校教諭）

入門　自閉症・情緒障害特別支援学級（小学校）
—今日からできる！　自立活動の授業づくり—

2019（平成31）年3月22日　初版第1刷発行
2023（令和5）年1月21日　初版第3刷発行

著　者：佐藤　愼二
発 行 者：錦織圭之介
発 行 所：株式会社　東洋館出版社
　　　　　〒101-0054　東京都千代田区神田錦町2丁目9番地1号
　　　　　　　　　　　コンフォール安田ビル2階
　　　　　代　表　電話 03-6778-4343　FAX 03-5281-8091
　　　　　営業部　電話 03-6778-7278　FAX 03-5281-8092
　　　　　振替 00180-7-96823
　　　　　URL　https://www.toyokan.co.jp
印刷・製本：藤原印刷株式会社
装幀・本文デザイン：藤原印刷株式会社
イラスト：オセロ・赤川ちかこ

ISBN978-4-491-03678-6　　　　　　　　　　　　　　　Printed in Japan

佐藤愼二先生の大好評書籍!!

実践 通常学級ユニバーサルデザインⅢ

逆転の発想で魔法のほめ方・叱り方

佐藤愼二 著

頭ごなしの
禁止・否定語、注意はNG！

"困った"子どもではなく
何かに"困っている"子どもであることを理解する！

本体価格1,400円+税

『問題行動』を目の当たりにすると、私たちは『問題を叱って減らそう』とします。しかし、『問題』を減らそうとしたら、『問題を起こしていない姿』をほめて増やす逆転の発想が必要だったのです！本書では、問題行動に対する具体的な対応の仕方と、ほめ方&叱り方を提案。

東洋館出版社
〒101-0054 東京都千代田区神田錦町2丁目9番地1号
コンフォール安田ビル2階
TEL: 03-6778-4343　FAX: 03-5281-8091
URL: https://www.toyokan.co.jp

@Toyokan_Shuppan

佐藤愼二先生の大好評書籍!!

実践 通常学級ユニバーサルデザインⅠ
学級づくりのポイントと問題行動への対応

佐藤愼二 著

本体価格1,650円+税

通常学級ユニバーサルデザインは、配慮を要する子どもには「ないと困る支援」であり、どの子どもにも「あると便利で・役に立つ支援」を増やし、その結果、全ての子どもの過ごしやすさと学びやすさを高めます。本書は、その実践上のポイントを具体的にまとめました。

実践 通常学級ユニバーサルデザインⅡ
授業づくりのポイントと保護者との連携

佐藤愼二 著

本体価格1,650円+税

"配慮を要する子どもには「ないと困る支援」であり、どの子どもにも「あると便利で・役に立つ支援」を増やし、その結果、全ての子どもの過ごしやすさと学びやすさを高める"ユニバーサルデザインの授業づくりと保護者との連携のポイントをまとめた実践の書。

東洋館出版社
〒101-0054 東京都千代田区神田錦町2丁目9番地1号
コンフォール安田ビル2階
TEL: 03-6778-4343　FAX: 03-5281-8091
URL: https://www.toyokan.co.jp

@Toyokan_Shuppan